HISTOIRE

DES

ARTISTES VIVANTS

ÉTUDES D'APRÈS NATURE

PAR

THÉOPHILE SILVESTRE

ILLUSTRÉE DU PORTRAIT DES ARTISTES

GRAVÉ A L'EAU-FORTE D'APRÈS LE DAGUERRÉOTYPE

CATALOGUE PAR M. L. DE VIRMOND

HORACE VERNET

PRIX : 1 FR.

PARIS

E. BLANCHARD, LIBRAIRE-ÉDITEUR

ANCIENNE MAISON HETZEL, 78 RUE RICHELIEU

1857

HISTOIRE

DES

ARTISTES VIVANTS

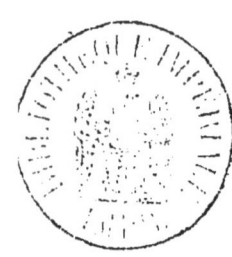

HORACE VERNET

A M. ÉVREMOND DE S..

« Ah ! vous venez me faire poser à mon tour pour m'imprimer tout vif ? me disait un jour Horace Vernet : eh bien ! je vous livre ma tête. Je n'ai pas un seul bouton à ma veste ; je marche toujours à découvert, sans masque ; je me montrerai tel que je suis. »

Pour faire connaître alors très-nettement à l'artiste mes procédés absolument sincères, qui, j'en conviens, ne sont pas de nature à plaire aux hommes sans conviction et aux réputations usurpées, je lus les deux pages qui servent d'*Introduction* au premier volume de ces *Études d'après nature*.

« Vous voulez donc me confesser, reprit-il gaîment après un moment d'hésitation ; la chose ne me paraît pas commode. Savez-vous que vous n'avez pas trop bien arrangé ce pauvre Ingres, et qu'il ne sera pas content..., un homme si hargneux ! Son portrait est bien. Hum ! hum ! quelle mine renfrognée ! Comme il semble dire : — C'est moi qui suis Ingres, c'est moi qui commande; tout le monde doit plier devant moi! — C'est bon, c'est bon, *va-t'en voir s'ils viennent, Jean;* imposez à d'autres qu'à Vernet, par exemple!... Et Delacroix? Oh! c'est bien lui : il n'est pas beau, mais il est distingué, plein de vie et fièrement redressé dans cette image pour nous faire entendre : — J'ai de l'esprit! — De l'esprit, parbleu, de l'esprit! et nous aussi nous en avons de l'esprit! Il veut être de l'Institut, et pourquoi donc n'en serait-il pas? Je veux lui donner ma voix; mais à la condition expresse qu'il ne professera jamais à l'école des Beaux-Arts, car, enfin, on ne peut pas introduire le choléra-morbus dans l'enseignement.

« C'est assez ennuyeux pourtant de se faire déshabiller devant le public, une bête qui ne demande qu'à rire; vos procédés d'historien me semblent un peu décolletés et sans façon; mais je suis très-libéral, et ne me croyez pas *bégueule.* Après tout, ma farce est jouée; ma réputation me garantit de la critique, comme une toile cirée de la pluie. Allez, faites, écrivez librement; je n'ai rien de la susceptibilité de Ingres, ce vieil enfant gâté, qui se croit toujours permis de pisser sur le rôti!

— Oui, certes, répondis-je, M. Ingres crie à l'assassin pour un mot de contradiction, et appelle la gendarmerie au secours de son talent.

— Oh! oh! vous ne connaissez peut-être pas encore sa dernière prouesse, l'image qu'il vient de dessiner sur le brevet des lauréats de l'Exposition universelle? La voici : sur ce tréteau, soutenu par ces deux plates colonnes à boules et décoré de ce rideau de foire, la France, et quelle France! distribue des couronnes à *ceci,* qui vous représente la Peinture armée de son appuie-main, et à *cela,* qui signifie l'Industrie avec un marteau de forgeron sur l'épaule. Voyons, sont-ce là deux figures de femmes? Est-il, grand Dieu, possible de faire mauvais à ce point et de s'en montrer fier? Vous connaissez à présent le nouveau chef-d'œuvre de l'artiste que l'on nous imposait, hier encore,

comme le pontife du beau. Et moi donc, suis-je l'apôtre du laid ?
Je n'ai pas lieu, croyez-le bien, de me montrer jaloux de récompenses données à qui que ce soit ; j'en ai été, Dieu merci, assez
accablé moi-même. Je puis me chamarrer à volonté de croix et
de cordons, à droite, à gauche, devant et derrière... Charles !
dit le peintre à son domestique, apportez-moi le coffre qui con-
tient mes décorations ! »

Et il versa sur une table cet amas reluisant d'insignes honori-
fiques de tous les pays, comme un banquier qui veut recompter
un sac d'argent.

« Voilà encore, ajouta-t-il, un tas de parchemins enru-
banés qui me confèrent une foule de priviléges dont je ne me
souviens plus ; il y en a, je crois, qui me permettent d'instituer
des notaires.

— Sur toile ?

— Non, de vrais notaires.

— Vous avez tous les honneurs !

— C'est juste, reprit Horace Vernet ; je suis né et j'ai vécu
sous une heureuse étoile. Marié à vingt ans avec cent écus pour
toute fortune, j'ai commencé à faire des dessins, des tableaux
de vingt francs, et j'ai fini par gagner des millions qui ont passé
de mes mains je ne sais où. J'en dirais trop. Singulière vie que la
mienne ! J'ai immensément travaillé, j'ai bien vécu, *j'ai longtemps
parcouru le monde*, comme dit la chanson ; j'ai vu bien des choses,
trop de choses pour ma tête, qui n'est pas forte. En somme, j'ai
tout de même joué mon rôle ; il faut songer à fermer boutique.
Je sais bien ce qui manque à mes ouvrages, quant à l'idée et
quant à l'exécution. Que voulez-vous ? Il faut m'avaler comme je
suis. Je n'ai qu'un robinet ; mais il a bien coulé, et quiconque,
après moi, s'avisera de l'ouvrir, n'en verra sortir rien de bon....
N'oublions pas, au reste, que le photographe qui doit faire mon
portrait nous attend dans l'atelier. »

Et l'artiste, habillé d'une veste courte, espèce de corset, et

d'un pantalon à la hussarde, les reins ceints d'une courroie, à
la façon d'un professeur de gymnastique, se coiffa du képi à
grenade et à galons d'argent, endossa son manteau militaire
orné de boutons à coq gaulois, et me mena vivement dans son
atelier de l'Institut.

Un tableau fraîchement terminé, la *Bataille de l'Alma*, ou plutôt
un épisode habilement choisi de cette bataille, attendait sur un
chevalet les compliments des visiteurs. Le prince Napoléon Bonaparte, à cheval en tête de son état-major, fait avancer une bat-
terie sur la berge de la rivière. Sur l'autre rive, à une très-
grande distance, l'armée alliée charge les Russes en déroute sur le
flanc des mamelons boisés et sur les plateaux pierreux. A l'ho-
rizon caniculaire, flamboyant, étouffé en intervalles par les vo-
lées de la poudre, s'étendent les arêtes bleuâtres des montagnes
et la mer couverte de voiles. L'action finit : un zouave et un
chasseur écossais reviennent triomphants bras dessus bras dessous.
Un boulet ennemi, parti de loin, casse en ricochant la jambe d'un
intendant militaire et porte du pulvérin au prince, qui semble
dire, comme l'illustre général son oncle disait je ne sais où :
« *Le boulet qui doit m'emporter n'est pas encore fondu.* » Il n'y a
qu'un héros d'oublié dans cette *Bataille de l'Alma*, c'est le
maréchal de Saint-Arnaud.

Le lecteur voudrait trouver ici une intéressante description de
l'atelier d'Horace Vernet ; mais on n'y voit plus aujourd'hui,
comme au temps de la Restauration, cet attirail tumultueux et
guerrier qui rendit le peintre si célèbre, et si redoutable aux habi-
tants de la rue de la Tour des Dames, privés de repos et de som-
meil par son voisinage. Sa maison surnommée *la petite Athènes*,
probablement par antiphrase, résumait fidèlement le café Lem-
blin, le Salon de la Victoire, — où l'on *mangeait pékins* et Cosaques, — le Champ de Mars, le Cirque Olympique, le Jardin
des Plantes et la barrière du Combat. Fantassins, cavaliers, artilleurs de l'armée et de la garde nationale, officiers en demi-solde

et en retraite, grognards revenus de la colonie d'Aigleville, maîtres de danse, d'escrime, de boxe et de bâton ; professeurs de
tambour, de clairon et de cor de chasse ; modèles des deux sexes,
acrobates, palefreniers, piqueurs, chevaux, singes, chèvres et
bouledogues s'agitaient ensemble dans ce laboratoire décoré de
trophées d'armes, de drapeaux, de costumes, de bibelots et de
harnais. Le tapage des assauts, les éclats de la discussion, le
chorus des chants patriotiques, les cris des animaux, les fanfares,
les roulements, ne dérangeaient pas une minute les faciles impro-
visations de l'artiste joyeux, étranger de sa nature à tout recueil-
lement. Le poids des années, les réglements d'académie, la
pompe des honneurs, n'ont pas de beaucoup ennobli ou disci-
pliné ses allures. La gravité, la réflexion lui vont comme le
silence à la pie et la solennité à l'écureuil. Rien ne l'empêchera
d'être un jeune homme, un tout jeune homme, presque un enfant,
jusqu'à l'âge de cent ans, s'il vit un siècle, et j'espère qu'il le
vivra. Mais son atelier si couru, si bruyant autrefois, est aujour-
d'hui à peu près abandonné. Inconstances de la mode ! revire-
ments capricieux de la popularité ! Naguère on y rencontrait
encore des officiers venant prier l'artiste d'intercéder pour leur
avancement, des bourgeois de Versailles, le peintre Alaux de
l'Académie, Schopin, un autre fort peintre ! et des gardes natio-
naux, saluant de la main droite tournée à la hauteur de l'œil,
comme de vrais militaires, l'artiste à son chevalet :

« Mon *colonel*, me permettez-vous de voir la *Bataille de l'Alma?*

— Certainement.

— C'est superbe, c'est admirable, mon *colonel!* Oh! oh! ces
quatre chevaux tirent joliment le fourgon ! Et ce petit rond de
fumée qui reste suspendu comme un anneau immobile devant la
gueule du canon ?

— Ça, c'est une observation très-exacte que j'ai faite sur l'ar-
tillerie ; cet anneau de fumée paraît toujours ainsi quand la pièce
a fait feu.

— Oh! l'Écossais au jupon rayé, qui a l'air d'une cantinière.

— Celui-là, je le vois encore à Varna avec un zouave en goguette, qui s'écriait : Vive la reine d'Angleterre, elle a pensé à tout !

— Magnifique tableau, mon cher maître ! magnifique tableau ! s'écriait à son tour Jazet, le graveur.

— Tout est prêt dans la cour pour le portrait de M. Vernet, dit en entrant un photographe ; je suis à ses ordres.

— Tout de suite, » répondit l'artiste tirant de sa poche pour la mettre à son cou la croix de commandeur de la Légion d'honneur.

Le temps était clair et glacé : la bise tourmentait la poitrine du peintre.

« Couvrez-vous, Monsieur, couvrez-vous ; pas d'imprudence !

— Me couvrir ? allons donc ! reprit-il avec un mouvement d'humeur, moi ? un soldat ! je ne sens pas le froid ; je resterais ici tout nu jusqu'à demain sans bouger d'une ligne. Voyez si je tremble, si je sourcille seulement ? »

Et il garda plusieurs minutes devant l'objectif une attitude belliqueuse et stoïque.

« Bon ! voilà le portrait manqué, mais que vous êtes solide ! »

Le lendemain, jour de l'élection du successeur de M. David d'Angers à l'Institut, je vins prendre M. Horace Vernet pour essayer au boulevard des Italiens un nouveau portrait :

« Si vous mettiez toutes vos décorations ? hasardai-je.

— Sans doute ! — dit l'illustre peintre — … Charles ! accrochez les plaques à mon habit, et suspendez les croix à mon cou !

— Monsieur veut-il mettre aussi les croix russes ? (Nous étions alors en guerre avec la Russie.)

— Oui, toutes ! Mais couvrez-moi de ma pelisse ; les gamins me poursuivraient, et Mangin, le pompeux marchand de crayons, serait jaloux, s'il me voyait du haut de sa voiture.

— Vous avez donné beaucoup d'éloges au sculpteur Barye, me disait chemin faisant Horace Vernet ; c'est un homme de talent.

Je lui donnerais volontiers ma voix à l'Institut; mais il ne se porte pas cette fois candidat.

— Il ne s'est pas encore présenté; peut-être ne le fera-t-il jamais. Les visites exigées par les membres de l'Académie ne sont-elles pas humiliantes?

— Je n'approuve pas, je n'approuverai jamais les pédants, et il m'arrive à tout propos de faire à l'Institut des sorties plus raides que vous ne le pensez.

— Pardonnez-moi, Monsieur, de vous donner tant de peine; nous avons cinq ou six étages à monter ici; daignez vous appuyer sur mon bras.

— Ah ça! me prenez-vous donc pour un vieillard traînant les quilles? dit l'artiste qui sautilla comme un geai d'une marche à l'autre de l'interminable escalier. Je ne suis pas essoufflé!... — fit-il ensuite, le teint pourpre, la bouche contractée et les narines sifflantes, — j'ai mes jarrets... et ma poitrine de vingt-cinq ans... encore... et je ménage sagement... tout le reste... Depuis le jour où il a eu soixante ans, le coq gaulois n'a plus chanté! Bstt, bstt!

Le portrait fut lestement enlevé. C'est le plus chamarré de ma collection. M. Vernet a fait lui-même sur l'épreuve photographiée d'adroites retouches à la plume.

Le portrait d'Horace Vernet est si connu! Il a été peint sur toile, taillé en marbre, coulé en bronze, modelé en plâtre; lithographié, photographié, gravé; repoussé en cuivre, en carton; cuit en porcelaine; tourné en tabatière, en pommeau de canne, en sifflet et en tête de pipe. Tout le monde, d'ailleurs, a vu l'artiste en personne en Europe, en Asie, en Afrique; sur terre et sur mer, par monts et par vaux, à travers steppes et déserts, bourgs et capitales; à Rome, à Londres, à Berlin, à Vienne, à Saint-Pétersbourg, à Alger, à Smyrne, au Caire, à Jérusalem, croquant au vol l'aspect de tous les pays, flairant à peine les mœurs et reparaissant au milieu de nous, après quelques mois d'absence, comme un acteur sous tous les costumes: la veste de l'atelier, le frac du bourgois, l'habit de l'académicien, le *domino* des bals masqués, l'uniforme de la garde nationale, la fourrure du boyard, la tunique du chasseur d'Afrique et le burnous du caïd marocain.

Son petit corps, qui semble fragile comme un cristal de Bohême, ne souffre pas plus d'accidents à pied, à cheval, à dos d'âne et de dromadaire, en carosse, en traîneau, en navire, que s'il était porté en litière. Les fatigues, les intempéries, les fléaux, qui enlèvent en un clin d'œil les hercules, l'ont toujours épargné. Pendant que le choléra décime nos troupes dans les marais de la Dobrutcha, lui n'a pas une pointe de colique, et la vermine qui dévore les Bachi-Boujouks fuit ses membres secs comme le tissu de l'aloës, élastiques et coriaces comme les lanières du caoutchouc. De même que rien n'altère son singulier corps, rien ne remue profondément son esprit chétif. Les magiques changements de soleils et de spectacles, l'étonnante variété des tempéraments, des caractères et des lois; la série pénétrante des formes, des couleurs, des mélodies, des parfums exotiques, beautés qui s'amassent en trésors de poésie, de savoir et de sagesse dans une intelligence attentive et délicate, ont passé sur ses yeux comme les reflets du feu sur un vitrage. Il n'est resté dans sa mémoire qu'une bigarrure des objets extérieurs. On dirait qu'il a vu seulement par la fenêtre d'un wagon le monde se dérouler, valser autour de lui, et disparaître dans une lumière fourmillante. La caricature du *Charivari*, qui le représentait un jour passant à triple galop de cheval devant une toile pour la peindre, est une trop faible image de cet artiste dont les idées et les pratiques sont légères comme la plume, fuyantes comme l'air.

Le caractère d'Horace Vernet comporte, on le voit, plus de détails que de grands traits, bien qu'il ne soit pas certes sans cachet et sans excentricité; mais l'extrême mobilité de l'homme vous déroute à tout moment par quelque nouveau travestissement. Il faut

le tourner, suivre ses plans et ses mouvements, comme on regar-
derait un bouchon de carafe taillé en facettes, le faire souvent
changer de place, exciter sa verve volubile et sa pantomime
comique. Dans le silence et dans l'inaction, qui sont peut-être
pour lui les deux principaux états de la douleur, — mais il ne
souffre guère ! — une sorte d'impassibilité est répandue sur son
masque, alors pareil à celui d'un officier fatigué, vieilli sous le
harnais dans un escadron de hussards ou de chasseurs. L'œil
gros, rond, à fleur de tête et d'un gris sombre, semble voir de
tous les côtés à la fois, mais sans intensité. Des *ron ron* sourds se
perdent dans ses grandes moustaches cirées, retroussées à la
redoutable, et formant une ancre tordue avec l'*impériale* plantée
sur un menton qui avance en talon de marquise. Le nez long,
fin, busqué, se relève comme un des bouts de l'arc de Cupidon.
Pommettes fortes, joues plates, ridées et tannées en même temps
par l'âge, le labeur, le plaisir et les cosmétiques ; front moulé pour
l'obstination dans les petites choses ; occiput de bon enfant ; crâne
sans volume, comme chez les oiseaux et les femmes sensuelles,
et recouvert à demi d'un duvet qui ne veut pas blanchir.

Voilà le Vernet pris au repos, et pour ainsi dire avec sa *tête
d'uniforme*. Mais le Vernet animé, pétulant ; le Vernet bourgeois ;
celui-là fait bonne guerre à la mélancolie : les quiproquo, les
coqs-à-l'âne, les bons mots corsés du *Palais-Royal*, les calembours,
hérités de son père Carle, les charges d'atelier, les aventures
d'hôtellerie, de boudoir et de coulisses ; les farces jouées sur le
strapontin [1] des *Omnibus;* il vous accommode tout cela au sel de
Paul de Kock, son rival en popularité. Voilà bientôt un demi-siècle
qu'il est passé bel esprit du *Caveau*, maître loustic et professeur
de *brimades*. Quand il est en belle verve et qu'on lui donne la
réplique, son visage s'épanouit, s'irrise et s'*affine;* ses petites mains
de bonne maman coquette, chargées de bagues, s'agitent signifi-

---

1. Siége affectionné par le bourgeois galant.

catives pour compléter l'effet d'une anecdote. Et il étouffe à
propos ses rires pour redoubler les vôtres. Il conterait devant
un Concile la violente jalousie de la Judith qui lui donna l'idée de
son tableau d'Holopherne; la façon dont il apprit d'une jeune
femme arabe à semer le blé; l'agonie orageuse d'une princesse
morte en mer d'une indigestion de rhum et de cornichons; le pari
engagé sur l'authenticité du nez de M. d'Argout, sous lequel le
crayon de Daumier abrite magnifiquement par un jour de pluie
une famille entière; et mille autres choses aimables, bouffonnes,
rigolo, pour employer une de ses expressions de joyeux troupier.

Viennent ensuite, pour retourner *du plaisant au sévère*, ses
souvenirs des patriotiques combats de 1814 à travers les vignobles
de la Bourgogne[1] et dans les défilés de la Champagne; ses hauts
faits à la barrière de Clichy[2]; ses coups d'épée de 1815 contre les
royalistes et les officiers alliés; ses dessins d'*Incroyables*, de *Mer-*
veilleuses, ses caricatures d'Anglais en tournée; ses rébus; ses
exploits de chasse et d'équitation; ses saillies au café de Foy,
où l'on montre encore peinte sur le plafond la *célèbre hirondelle*
de Carle; son amitié et ses deux querelles avec Géricault; ses
premiers services rendus à Charlet, expulsé comme bonapartiste
de l'administration des pompes funèbres; ses voyages; ses notes
prises sur les champs de bataille de la République et de l'Empire;
ses campagnes d'Afrique (il dit aussi *mes campagnes*); ses ordres
du jour de colonel de la garde nationale de Versailles, dignes de
l'impression, et qu'il préfère à ses tableaux; ses rapports inquié-
tants pour l'Institut; ses familiarités avec les souverains;. ses
conférences avec le roi Louis-Philippe; ses missions diplomati-
ques; ses actions d'éclat pendant les journées de Février et de
Juin; sa dernière expédition en Crimée.

1. *Épisode de l'Invasion de 1815*, petit tableau de l'artiste à l'Exposition universelle
de 1855.

2. L'artiste s'est peint lui-même s'apprêtant avec Charlet à recharger un canon dans la
Défense de Clichy, son meilleur tableau. (Musée du Luxembourg.)

« Je vous le disais, s'écrie-t-il avec satisfaction, j'ai vu trop de choses; mais je n'avais pas la tête assez forte !

— Il paraît que vous avez souvent vu le feu?

— Souvent... Charles! faites voir à monsieur le pantalon des journées de Juin! »

Le domestique apporta, non pas un pantalon, mais un petit carré de drap troué, une relique des combats livrés à l'*anarchie*.

« Et que de fois aussi je l'ai échappée belle en Afrique! Au reste, ce n'est pas comme peintre que j'ai obtenu la croix de chevalier de la Légion d'honneur des mains de l'Empereur en 1814, c'est comme militaire en face de l'ennemi [1]. Je ne me suis pas seulement dévoué à la glorification des armées françaises ; je leur ai encore rendu en personne quelques services. Demandez à Ingres et aux autres peintres s'ils ont payé de leur corps à ma façon ! Tel ou tel malheur ne serait peut-être pas arrivé pendant les guerres d'Afrique si le colonel, le général, le maréchal, eussent écouté mes avis. Aussi, les officiers de terre et de mer me connaissent bien et me rendent justice. Comment donc s'appelle l'amiral qui, pour faciliter l'exécution de mon tableau la *Prise de Lisbonne*, fit faire en 1840 un branle-bas de combat à bord du *Santi Pietri ?*... Ah ! l'amiral Lalande, un charmant homme. Deux pauvres canonniers perdirent la vie dans cet exercice... Et le commandant qui tirait des salves en mon honneur... Charles! son nom?

— Monsieur Montagnac.

— Un brave. »

M. Horace Vernet est l'artiste le plus sensible du monde aux hommages; il n'en sera jamais rassasié; il boit les louanges, les yeux fermés, comme des élixirs, et personne mieux que lui ne peut dire avec le peintre anglais Northcote : « J'avale tout ce qui

---

1. Souvenir à vérifier.

est doux ! » Ses façons ouvertes, qui mettent tout le monde à l'aise, lui ont fait beaucoup d'amis, des amis comme lui passagers et volages, car il n'est trempé ni pour la haine, ni pour l'amour, ni pour le parfait égoïsme. Aucune passion glorieuse ou funeste n'a jamais pris racine dans cet homme inconstant, qui change de goûts et de relations comme de chemise. Ce septique illettré, causeur, touche-à-tout, voyageant pour son métier de ville en ville, à la Gaudissart, s'instruit à sa manière en traversant les grandes routes, les ateliers, les casernes, les rues, les salons, les académies, et assaisonne des *charmes* de Grassot les bons tours de Cabrion. On ne l'accusera jamais d'être un idéologue et de creuser trop profondément la vie ; il pourrait écrire sans concision toute sa philosophie sur le plus petit ongle de ses doigts.

Il se pique d'être au fait des hommes et des choses de son siècle, et de placer partout un mot. Son idéal d'homme intelligent et comme il faut, est de ne jamais rester bec-cousu. Avide de tous les moyens de conquérir la popularité et les faveurs officielles, il joue en même temps au soldat, au littérateur, à l'homme politique, au diplomate, au galant chevalier, au favori ; oubliant tout à fait par moments qu'il est peintre. Il eût sauvé, pense-t-il, les débris d'une armée en déroute aussi bien que Ney ; battu Abd-el-Kader en vrai Bugeaud ; il croit écrire ses mémoires d'outre tombe d'une façon supérieure à celle de Chateaubriand. C'est lui qui donnait les meilleurs conseils à Louis-Philippe, et qui seul fut capable de faire entendre à l'empereur Nicolas de Russie des paroles de conciliation. Sans lui, M. Thiers était écharpé par le peuple en furie, le 24 février ; sans lui, la société française succombait aux journées de Juin. Ajoutons à ces facultés de l'homme de guerre, de l'homme d'Etat, de l'homme de lettres, les vertus du dandy, et nous verrons les femmes enamourées tomber encore dans ses bras comme les guêpes sur les fruits.

Les succès faciles, les ovations sans lutte, ont dès longtemps plongé M. Horace Vernet dans une satisfaction de lui-même, voisine de l'ébriété : il ne doute de rien et n'épargne à personne ni les caprices, ni les boutades de son esprit naturellement caustique, frondeur, et accoutumé à l'impunité. Il veut absolument, à tort et à raison, dire et faire ce qui lui plaît, ni plus ni moins que M. Ingres; mais au lieu de bouder et de se lamenter devant la moindre résistance, à la façon de son confrère, il prend des allures guerrières : s'il est sûr d'avance d'être le plus fort, il querelle, s'emporte, menace. Sonnez trompettes !

Il arrange toujours à propos ses brouilleries avec les puissants, par d'aimables repentirs, de vives gentillesses et de généreuses résignations. De nouvelles et riches commandes lui arrivent, et il les exécute en raillant, en maugréant, pour prouver encore son indépendance. Voilà le bon moyen de jouir à la fois des honneurs de la fierté, des abus de l'indiscipline, des joies de la coquetterie et du bénéfice de la caisse. Un jour qu'il refusait de peindre à Versailles un fait historique au gré du roi Louis-Philippe, M. de Cailleux lui dit, après de longues instances : « Mais enfin, M. Horace, le roi vous paie ; que ne faites-vous simplement ce qu'il vous demande? » Et l'artiste envoya le roi se promener. Puis, il s'en alla lui-même, tout dépité, faire un tour en Russie, pour revenir peu de jours après à Neuilly verser des torrents de larmes dans le sein du roi son bienfaiteur.

Ses velléités d'opposition, mêlées aux réserves de l'intérêt personnel, le jettent à tout moment dans des passes difficiles. Il lui faut, pour en sortir, beaucoup de souplesse, et il n'en manque pas. Pris en flagrant délit de langue, il s'empresse de retirer ce qu'il aurait avancé de trop, quelquefois tout ce qu'il a dit. Mais il ne convient pas de ses torts avec un simple particulier : vainement lui montrerez-vous l'évidence ; aveugle, sourd et muet par amour-propre, il n'a rien vu, rien entendu, rien articulé. Redoublez vos témoignages, qui sont sans réplique, il se récrie, saute à pieds joints de sa position dans la vôtre ; il est la victime ; vous êtes le coupable. Il est, dit-il, si confiant qu'on l'a trompé ;

si généreux, qu'on abuse toujours de son cœur; si pressé de travaux, qu'il n'a pas eu le temps de réfléchir. Vous lui résistez, profanation! vous prenez en patience ses écarts, il est certain de vous faire peur; et pour le coup il ne parle de rien moins que de réveiller son épée *Lisette*, endormie dans le fourreau, pour vous demander raison, c'est-à-dire ce qu'il n'a pas. Au fond, il n'est pas méchant; mais il se montre susceptible, tempétueux, processif, entêté dans les mauvais conseils. Toujours prêt à mettre la plume à la main, pour donner une leçon (*donner une leçon* est son terme favori) aux journalistes, ses bêtes noires, nous l'avons vu dernièrement dans une lettre singulière consulter Hippocrate et Galien sur la question de savoir si on a le droit de le discuter. Et comme il se répond à lui-même : « *Hippocrate dit oui*, *Galien dit non* » il n'intentera pas de procès au « folliculaire. ».

Il a les allures, l'aplomb de l'homme heureux, la réplique facile, imprudente. Le roi Louis-Philippe lui parlait un jour de le faire pair de France : « Nous avons, dans ma famille d'artistes, répondit Horace Vernet, rendu des services à notre pays; mais nous n'avons jamais eu la sotte manie de la politique. Si David, au lieu de politiquer et de faire couper la tête au roi Louis XVI par son vote de conventionnel, fût resté tranquille dans son atelier, il eût évité lui-même de mourir en exil. » Le roi, fils du régicide Égalité, à cet affront involontaire, ne vit que chandelles et tourna brusquement les talons. Horace Vernet se mordit la langue, trop tard.

L'artiste a de commun avec le roi Louis-Philippe, sinon la prudence, au moins le goût du verbiage, des paperasses et des règlements de comptes : il inscrit sur son agenda, jour par jour, depuis l'année 1810, tout ce qu'il reçoit, tout ce qu'il donne, tout ce qu'il vend : la *Smala*, la *Prise de Rome*, les bouteilles vides et les vieux chapeaux. Ses lettres sont d'un français à la fois bizarre, cru, animé et bouffon. D'orthographe point, à la façon des nobles d'autrefois; mais à la rigueur un grand peintre pourrait s'en

passer. En attendant que les *Mémoires* d'Horace Vernet voient
le jour, des parents, soigneux de sa popularité, donnent sur son
compte quelques détails aux journaux français et étrangers. On
n'est jamais trahi que par les siens.

Voici une amusante notice adressée à l'*Art Journal* de Londres,
par un proche parent de M. Horace Vernet, un autre lui-même.
Les plaisants pourraient appeler cet article une autobiographie.

« Trois générations de la famille Vernet ont rendu ce nom célèbre
dans les annales de l'École française. Cette famille est originaire
d'Avignon, où naquit Joseph Vernet, le grand-père du personnage
qui fait l'objet de cette notice, et le premier des trois grands
hommes qui, chacun à son époque, se sont si bien identifiés avec
les progrès de l'art. Le père de Joseph Vernet était peintre de
paysages, et il existe encore, dit-on, dans le département de
Vaucluse, de remarquables échantillons de son talent. La peinture
de marine fut la partie de l'art dans laquelle excellait Joseph
Vernet et où il surpassa tous les artistes français de son temps.
Son fils, Carle Vernet, se fit une réputation très-étendue par ses
tableaux d'histoire et de batailles. Ce dernier est le père du Vernet
de notre époque, plus fameux encore que ses devanciers.

« Jean-Émile-Horace Vernet est né à Paris le 30 juin 1789,
au Louvre, où son père et son grand-père occupaient des appartements.

« A cette époque, l'éducation en France était fort négligée,
et il fut presque entièrement abandonné à ses penchants naturels,
qui, à défaut de l'instruction à la portée des enfants de son âge,
dirigèrent son attention tout entière vers l'art. Il montra donc de
très-bonne heure un goût particulier pour le dessin ; les crayons
et les pinceaux furent ses premiers joujoux, et l'étude de l'ana-
tomie et de la perspective vint bientôt lui apprendre à s'en servir.
Son père lui donna ses premières leçons de dessin, et il travailla
ensuite quelque temps dans l'atelier de M. Vincent, peintre en
renommée sous le Consulat.

« Dans l'exercice de sa profession ce fut étant enfant, qu'Horace Vernet reçut son premier argent : adolescent, son talent suffisait déjà à son indépendance. A l'âge de onze ans, il fit, pour madame de Périgord, un dessin de tulipe qu'elle lui paya vingt-quatre sous, et à l'âge de treize ans, il avait des commandes en assez grande quantité pour se suffire à lui-même. Une de ses premières œuvres fut la vignette qui, suivant le goût de ce temps, ornait les lettres d'invitation pour les parties de chasse impériales; et tel en était le mérite, qu'un graveur d'une grande réputation, Duplessis-Berthaut, n'hésita pas à la déclarer digne de son propre burin.

« Les commandes abondent rapidement chez le jeune Vernet; dessins à six francs, tableaux à vingt francs. Il travaillait principalement pour le *Journal des Modes,* dont il devint le dessinateur en titre; et c'est peut-être de ses travaux dans ce genre que lui vient ce talent de caricature, dont il amuse, même encore, ses amis intimes, souvent à leurs propres dépens.

« Carle Vernet, qui avait gagné le prix en 1782, désirait que son fils obtint la même distinction; mais Horace échoua dans le concours, comme il avait déjà échoué dans les précédentes occasions de mériter les palmes académiques. Le goût pour l'histoire classique et la mythologie régnait alors en France dans toute sa vigueur, et parmi les artistes français, Horace Vernet fut un des premiers à voir que les Grecs et les Romains avaient fait leur temps et à comprendre qu'il était un de ceux qui assistaient à une grande crise dans l'art, ainsi que dans l'histoire, et que cette époque toute spéciale devait s'approprier les grands hommes qui se signaleraient dans la tourmente de ces temps.

« Entraîné par un goût naturel pour la vie militaire, et ayant servi quelque temps dans les rangs de l'armée française, il était admirateur enthousiaste de Napoléon. Il n'est donc pas surprenant qu'il se soit de bonne heure consacré à célébrer les exploits des armées françaises et de leur chef adoré; et, quoique son talent soit universel, c'est encore dans ce genre de composition qu'il est le plus fortement prononcé.

« Pour le détourner d'un penchant très-décidé pour la carrière des armes, son père l'engagea à se marier de bonne heure. Ainsi, à vingt ans, il eut à supporter à lui seul les charges d'un ménage ; car sa famille n'était riche que de gloire. De là ses habitudes d'un travail assidu, secondé par sa merveilleuse facilité d'exécution à laquelle il doit la réputation d'être l'artiste le plus productif qui ait jamais existé. Ses œuvres, jusqu'à ce jour, se composent de plus de douze cents dessins, près de cent portraits, tous de grands personnages, et au moins trois cents tableaux dont plusieurs sont de grande dimension et très-compliqués.

« Il exposa pour la première fois en 1809, et depuis cette époque il travailla sans relâche à l'exécution d'une série d'ouvrages assez connus pour se passer de description. Quelques-uns des sujets les plus populaires sont : l'*Entrée de l'armée française à Breslau*, la *Barrière de Clichy*, les *Batailles de Jemmapes*, *Valmy*, *Eylau*, *Montmirail*, *Hanau*, *Fontenoy*, *Iéna*, *Wagram*, *Friedland* ; le *Chien du Régiment* ; le *Trompette blessé* ; *Joseph Vernet attaché au mât d'un vaisseau, esquissant une tempête* ; *Mazeppa* ; la *Confession d'un brigand* ; *Judith et Holopherne* ; *Raphael au Vatican*, etc., etc.

« L'exécution à Versailles des compositions de la *Salle de Constantine* est d'Horace Vernet, et il a été récemment chargé par le roi de reproduire la prise de la *Smala* d'Abd-el-Kader, tableau qui occupera une surface de soixante-six pieds de long sur seize de hauteur [1].

« En 1814, il fut décoré de la Légion d'honneur pour la part active qu'il avait prise à la défense de Paris, et en 1825, il fut promu au grade d'officier du même ordre par Charles X ; en 1842, il fut nommé commandeur par Louis-Philippe, et il est le seul peintre de l'école française qui ait obtenu cette distinction. En

1. Ce panégyrique est traduit de l'*Art Journal*, collection de 1842 à 1845.

1826, il fut élu membre de l'Institut, classe des Beaux-Arts, et prit place à côté de son père, qui, longtemps avant lui, était membre de l'ancienne Académie de Peinture.

« En août 1828, Horace Vernet fut nommé directeur de l'Académie française à Rome, et il conserva ces fonctions jusqu'au 1er janvier 1835. A aucune autre époque cette école n'a été dirigée d'une manière aussi remarquable, et jamais les travaux des élèves pensionnaires n'ont été aussi satisfaisants, sous tous les rapports, que sous la direction de ce peintre distingué, dont l'activité extraordinaire et le singulier talent d'exécution exerçaient la plus salutaire influence même sur les moins laborieux. Les salons de l'Académie devinrent à ce moment le rendez-vous des voyageurs de distinction de toutes les nations qui venaient visiter la ville éternelle. Nos compatriotes ont conservé le souvenir de la manière dont les honneurs de la Villa-Médici étaient faits par Madame Vernet et sa charmante fille.

« Durant son séjour à Rome, M. Horace Vernet envoya en cadeau à Charles X un admirable portrait du pape, qui est compté parmi les meilleurs productions de son auteur, et qui figure aujourd'hui au musée de Versailles. Le roi, charmé de cet acte d'un gracieux hommage, fit demander par le secrétaire d'ambassade à Rome ce qu'il pourrait faire de plus flatteur à l'artiste pour lui témoigner sa reconnaissance, et entre autres choses, si le titre de baron pourrait lui être agréable. La commission délicate de le sonder à ce sujet fut confiée à un de ses amis intimes auquel il répondit : « Pour un peintre, le nom de Vernet me semble parfaitement bien, sans titre honorifique; ce nom est de lui-même sorti de la foule, et le titre de baron l'y confondrait do nouveau ; mais si sa Majesté, comme vous me l'assurez, est disposée à m'accorder ce qui me ferait le plus grand plaisir, dites-lui que je la prie d'accorder la distinction de la Légion d'honneur à M. Dumont, sculpteur, l'un de nos pensionnaires, qui vient d'exécuter un groupe du plus grand mérite.

« Hocace Vernet ne fut pas fait baron, et M. Dumont ne fut pas décoré dans cette circonstance, quoique depuis il ait eu cet honneur et ait été également créé membre de l'Institut.

« Quand la révolution de 1830 éclata, tout le personnel de la légation française à Rome se retira à Naples, où l'ambassadeur était déjà depuis quelque temps, et ainsi le directeur de l'académie resta à Rome, seul fonctionnaire français. C'est dans cette situation des affaires que M. Horace Vernet fut nommé le représentant diplomatique de France près le Saint-Siége, — distinction exceptionnelle pour un artiste, — avec pleins pouvoirs pour traiter avec le gouvernement du Pape, et au milieu de circonstances d'une grave difficulté. Il s'acquitta cependant de ses fonctions avec tant de jugement et de fermeté, qu'il obtint l'entière approbation du gouvernement français, dont l'expression lui fut transmise par une lettre de M. Guizot, alors ministre de l'intérieur.

« La manière dont ce grand artiste se repose des travaux de sa profession est en voyageant, et pendant ces périodes de diversion il a visité bien des pays éloignés, tels que l'Egypte, la Syrie, l'Algérie, sans parler de ses voyages dans tous les états de l'Europe, de ses présentations à presque tous les souverains de son temps.

« Ce peintre célèbre possède un assemblage de qualités dont bien peu d'hommes sont doués, ou que tout au moins ils savent aussi bien faire valoir. Sa conversation est vive, légère, agréable, remplie d'anecdotes, et sous l'apparence de l'inattention, cache un esprit d'observation très-profond et très-pénétrant. Sa mémoire retient avec une singulière facilité les faits, les formes et les localités au point de pouvoir décrire, après un espace de plusieurs années, un endroit qu'il n'a vu qu'une fois; et il a si bien adapté cette prodigieuse force de mémoire aux besoins de sa profession, qu'il peut faire le portrait d'une personne avec laquelle il aurait eu une heure de conversation. Sa lecture se réduit presque entièrement à la Bible : ce livre lui a inspiré le désir de visiter l'Orient;

et à propos de ses voyages en Terre-Sainte, après des recherches
et des observations très-exactes et très-minutieuses, il dit être
convaincu que les mœurs et le costume des Arabes de nos jours
ont bien peu varié de ce qu'ils étaient du temps des Patriarches[1].

« Quant au long catalogue de ses œuvres, on peut s'en rendre
compte, en pensant à son imagination si fertile, sa facilité à
créer des sujets, sa rapidité d'exécution, son incessante activité
et l'état toujours parfait de sa santé. Bien que ses œuvres soient
si nombreuses et d'un caractère si varié, on ne peut les accuser
d'imitation ; il est suffisamment prouvé que toutes sont l'expression de la nature prise sur le fait, ou sont le fruit de l'active
imagination de l'artiste, et le caractère le plus saillant de ses ouvrages est qu'aucun d'eux n'en répète un autre. L'observation et
l'étude de la nature ont toujours été ses deux principes par
excellence.

« Comme professeur de l'école des Beaux-Arts, son enseignement a toujours été considéré par les élèves comme rendant plus
de service que celui des onze autres professeurs. Ce ne sont pas
les classes seules de cette admirable institution qui ont profité des
instructions de M. Horace Vernet ; elles n'ont pas été restreintes
à ses seuls compatriotes, car il reçoit dans son propre atelier, et
avec la plus grande bonté et affabilité, les élèves de tous les pays,
auxquels il donne largement ses meilleurs avis, ses précieux conseils. Quant à la quantité et à la rémunération de son travail, il
n'en fait jamais un objet de spéculation, car le tableau fait pour
un ami ou destiné à un simple cadeau est aussi soigné que celui
qui doit être payé par un prince.

« Comme tous les hommes d'un génie supérieur, M. Vernet a
ses admirateurs passionnés et ses détracteurs acharnés ; mais la
sanction du temps et l'opinion publique ont infiniment plus de

---

1. *Opinion sur certains rapports qui existent entre les costumes des anciens Hé-
breux et celui des Arabes modernes;* Mémoire lu à l'Académie en 1847 par Horace Vernet,
de l'Institut. Broch. in-8° de 24 pages. Paris, imprim. de Bonaventure et Ducessois, 1856.

poids qu'un tel mélange de louange et de censure. Trente années de succès, et une popularité toujours croissante, ont placé Horace Vernet au premier rang parmi les artistes, position que lui a décernée la majorité de ses compatriotes et que le reste de l'Europe s'est empressée de confirmer.

« Les œuvres d'aucun artiste ne sont plus généralement connues, ni plus éminemment populaires que celles de M. Horace Vernet, parce qu'il prend ses sujets dans les incidents de la vie ordinaire et les traduit d'une manière qui va droit au cœur. Horace Vernet a été le premier à rompre complétement avec les formes tristement classiques de l'école française, et à montrer à ses collègues comment on peut faire vibrer la corde des affections sociales. »

. . . .

M. Horace Vernet vit maintenant en garçon, dans le pavillon de l'Institut qui fait pendant à la bibliothèque Mazarine. Son intérieur est un petit musée éclairé par la belle lumière des quais de la Seine. Un choix de croquis et de dessins de l'artiste, à la mine de plomb, à la plume, au lavis, décore l'antichambre. Série d'études rapides, d'après les types de tous pays, compendium figuré d'armes, d'ustensiles, de costumes et d'équipements. Les tableaux de famille, les cadeaux de grands personnages et les souvenirs d'amis ornent le salon : on y remarque surtout les portraits de Joseph Vernet, par Vanloo ; de Virginia Parker, sa femme, par un habile peintre dont j'oublie le nom ; de Carle Vernet enfant, par Lépicié ; de Carle homme mûr, par Robert Lefèvre ; de Mlle Louise Vernet, par M. Horace son père ; des deux petits-fils de l'artiste, par M. Paul Delaroche. Des chevaux, des paysages, notamment une marine de Joseph Vernet, font diversion aux portraits. Un grand vase, imitation de Sèvres, donné à M. Horace Vernet, en 1843, par l'empereur de Russie, s'élève sur un piédestal dans le coin du salon. Mais l'objet qui emporte entre tous l'admiration du visiteur, c'est le portrait d'une belle dame à chevelure bouffante et poudrée, merveille du pinceau de Reynolds, et souvenir affectueux de la maréchale Gérard. Riche peinture, image vivante de la fraîcheur, de la santé, de l'esprit et de la joie!

Dans la chambre à coucher de l'artiste : autre portrait doux et limpide de Carle Vernet écolier, par Lépicié; Moreau jeune, aïeul maternel d'Horace, peint par Gounod, père du musicien actuel; buste en marbre de Mlle Vernet, devenue Mme Delaroche; bague, ciseau et main moulée du sculpteur danois Thorwaldsen; précieux dessins de Moreau jeune, représentant les fêtes données à la cour de Louis XVI par la ville de Paris; petit portrait d'Horace Vernet, travaillant en lunettes à son chevalet, par le peintre russe Wasili Timm.

Au chevet de l'artiste français est placé le Christ d'ivoire que lui offrit la Congrégation de la *Doctrine chrétienne*, en échange du portrait de frère Philippe son supérieur.

Les armes, les pipes, au nombre desquelles on voit le narguilhé de Kléber, donné par Soliman-Pacha, brillent sur les murs d'un cabinet tendu de papier sombre. Les oripeaux et les reliques de voyage sont relégués dans l'atelier.

L'artiste n'est pas encore bien guéri de son humeur vagabonde. Aujourd'hui, vous le voyez à Paris, donnant les dernières touches à un tableau; dans la nuit, vous apprenez qu'il est parti pour Hyères, où il possède un des plus beaux sites de la France; pour l'Algérie, dont il est un des colons concessionnaires. A Paris, il aime beaucoup le monde. Le matin, après avoir exercé deux heures la patience de son scribe et farfouillé ses paperasses, il prend, reprend devant le premier venu, anecdotes du passé, commentaires du présent, avec une ardeur qui lui fait oublier les plus pressants besoins de la vie. Son déjeuné est refroidi quand il se décide à le tordre au plus vite, parlant toujours.

L'esprit de suite lui est impossible; tout raisonnement l'importune, l'irrite. Il faut lui laisser battre les champs à sa guise, et passer d'un sujet à l'autre en papillonnant. Quand j'eus compris ce caractère dont les impressions diverses sortent toujours au hasard comme les numéros d'un loto, je dus renoncer à mettre moi-même dans mes questions un ordre qui le gênait et le fatiguait. Je n'obtenais guère de lui, malgré sa bonne volonté, que des oui, des non, des peut-être, et quelques détails sans importance.

« J'ai eu l'honneur de vous prévenir plusieurs fois, me dit-il un jour, que je n'ai pas la tête assez forte pour tirer des réflexions de tout ce que j'ai vu et des raisons de tout ce que je fais. Je ne suis ni un savantasse, ni un embrouille-tout, comme ce Chenavard, qui s'avisait dernièrement de discuter avec moi chez le prince Napoléon; ce monsieur Chenavard, qui essayait de décourager tous mes élèves à l'école de Rome, parce qu'il ne faisait rien lui-même. Au fait, commençons par quelques souvenirs de famille :

« Joseph Vernet, mon aïeul paternel, était l'aîné de vingt-deux enfants. Après avoir reçu quelques leçons de son père Antoine, il fut chargé de décorer la chapelle d'un château des environs d'Avignon. A la fin de sa première journée de travail, comme il venait de faire sa toilette et de mettre son épée, un valet du château vint lui dire : « A quelle heure Monsieur veut-il se mettre à table?

— Je suivrai les usages de la maison.

— On a disposé pour Monsieur une table à part. »

Joseph Vernet, blessé dans sa dignité, prit son bagage et partit pour Rome. Il y séjourna vingt-deux ans, et y prit pour femme Virginia Parker, fille d'un officier des galères du Pape. Joseph Vernet appelé par le roi Louis XV pour peindre les ports de France, essuya une tempête, et vous savez qu'il se fit attacher au mât de la felouque pour étudier pendant l'ouragan les effets du ciel et de la mer. Un de mes tableaux qui représente cette scène fut exposé en 1822.

«Joseph Vernet était un homme de haute taille, cinq pieds dix pouces; d'un teint très-brun, doué d'une grande énergie de volonté et d'une force physique d'athlète. Sa femme accoucha à Bordeaux, pendant que son mari y peignait le port, de Carle, qui fut mon père, et qui avait déjà un frère aîné Livius Aloysius Vernet, baptisé à Rome en l'église *Santa Maria del Popolo*. Joseph, caractère rond, ne voulant pas avoir affaire aux gens du monde, à la naissance de son fils Carle, lui donna pour parrain un commissionnaire des rues, âgé de douze ans, savoyard des environs de Chamouny qui, à partir de cet époque, a vécu soixante ans dans notre famille, m'a tenu sur ses genoux, nous a tous tutoyés, et est mort à la maison comme un vrai parent.

« Joseph Vernet fut lié à la plupart des hommes célèbres du xviii⁰ siècle. Cochin, l'abbé Leblanc, l'abbé Taillasson, Grimm et Diderot ont vanté ses ouvrages. Pergolèse, son plus intime ami, avait composé le premier verset du *Stabat* sur le clavecin de mon grand-père. Les cosaques firent, en 1815, *une omelette* de cet instrument que ma famille conservait comme une relique.
«Joseph Vernet avait l'humeur fière et hardie : un jour qu'il amenait sa fille dans les galeries du Louvre pour lui montrer ses tableaux, les gardiens lui dirent : — Vous ne pouvez pas entrer maintenant au musée, Sa Majesté s'y promène. Eh bien, qu'on apporte ici mes tableaux ! dit impérieusement Joseph. Et on lui obéit sur-le-champ. Les artistes étaient respectés en ce temps-là ! Joseph Vernet refusa le grand cordon de l'ordre de Saint-Michel, parce qu'on l'offrait aussi à un fabricant de soie de Lyon. Il n'entendait pas être mis au rang des industriels. Quand plus tard le roi voulut l'ennoblir, l'artiste lui répondit : *Sire les hommes n'ont déjà que trop d'occasions de devenir des sots; il ne faut pas leur en fournir de nouvelles.*

« Mon aïeul maternel Jean-Michel Moreau, dit Moreau jeune, était fils d'un perruquier de Paris. Il suivit en Russie M. Lelorain, son maître, appelé à Saint-Pétersbourg pour y fonder l'Académie des Beaux-Arts, et il séjourna six ans dans cette ville. D'abord élève à Paris du graveur Le Bas, il devint l'habile dessinateur que vous savez. Moreau illustra les plus beaux livres de son siècle, fut l'ami de Voltaire et le zélateur de Jean-Jacques Rousseau. Excellent homme ; mais violent comme la poudre. Voyez ses charmants dessins. Supprimer la queue d'un chien des compositions de Moreau, c'est comme si on enlevait une virgule de la plus belle phrase de Bossuet.

« Mon père Carle, dont vous connaissez aussi le talent d'artiste, les bons mots et les fameux calembours[1], n'avait ni l'énergie de Joseph, ni celle de Moreau. Il était pris d'accès de dévotion qui par moments accablaient son esprit. Homme facile, aimable, et très-aimé d'ailleurs. Ma mère était Fanny Moreau, morte en 1822, quinze ans avant mon père. Ma tante, — qui était la femme de Chalgrin[2], l'architecte de l'Arc de l'Étoile, de saint Philippe du Roule, de la plus petite des deux tours Saint-Sulpice et de l'escalier du sénat, — mourut sur l'échafaud de 93.

« Un cousin de mon père Carle, le sculpteur Boizot, professeur à l'école des Beaux-Arts, est l'auteur d'un buste en marbre de mon grand-père Joseph que l'on voit au musée du Louvre. Callet, neveu de Joseph, issu d'une Vernet, a peint un plafond dans la galerie d'Apollon. Il fut appelé à Gênes pour y décorer un palais. Une autre de mes tantes, femme d'un sculpteur de médiocre réputation, avait donné asile dans sa maison de la rue de Servandoni à Condorcet proscrit, qui, pour ne pas la compromettre, s'enfuit de chez elle et s'empoisonna, comme chacun sait, dans les environs de Paris. Ma sœur Camille a épousé un peintre. Ma fille, der-

---

1. Carle Vernet se retardait sur un tableau demandé par le duc de Berry, qui lui dit un jour avec impatience : « Mais mon cher Carle, voilà huit jours que vous êtes après la même cheminée ! — C'est vrai, Monseigneur, c'est qu'elle fumait, j'ai été obligé de la raccommoder. »

Un autre jour que les ouvriers de Lemot scellaient sur son socle la statue équestre d'Henri IV, l'artiste dit au prince : « Monseigneur, Lemot fait en ce moment ce que personne n'a fait avant lui ; il scelle un cheval, le cavalier étant dessus. »

2. Voilà madame Chalgrin qui nous quitte, dit un jour Voltaire au marquis de Bièvre ; nous allons être bien malheureux, car sans elle (L) il ne reste que chagrin.

nier rejeton des Vernet, encore un peintre. De cette famille
d'artistes, je reste pour la bonne bouche.

« De mes ouvrages que vous dirai-je? Vous les connaissez. Je
n'ai ni parti pris, ni système en peinture ; je rends le plus exacte-
ment possible ce que je vois, sans chercher midi à quatorze heures,
et je me conforme au programme des événements. Voilà tout.
Comme professeur à l'école des Beaux-Arts, voici mes opinions :
de trop fréquents concours y développent la vanité au détriment
de l'émulation et du talent. Les récompenses trop multipliées n'ont
plus aucun prix. Quand l'élève a reçu une médaille, il déserte
l'école, se croit un personnage déjà digne de l'attention et des
commandes de l'État. Et quelle disproportion entre le temps
donné à l'étude et le temps appliqué aux concours ! L'élève de
l'école des Beaux-Arts a dans l'année 336 heures de leçons et
512 heures de concours.

« L'Institut devrait lutter aussi contre les peintres qui font
école hors de son giron. Autrefois, sans doute, Vien, David,
Regnault, Gros, Guérin, Girodet, ont fait de bons élèves dans
leurs ateliers. De nos jours, Delaroche, et deux ou trois autres,
ont habilement montré les saines traditions aux jeunes artistes ;
mais que de gens d'une autre espèce ne leur font pas concur-
rence? De l'atelier de ces derniers sortent les apôtres de l'igno-
rance, les propagateurs des goûts les plus dissolus, les blasphé-
mateurs des chefs-d'œuvre de l'antiquité, les entrepreneurs de
succès de coterie, qui ne pouvant s'élever voudraient tout rabaisser.
Leur phalange est nombreuse : ils se glissent partout ; les concours
officiels commencent à en être infectés, et, chose inouïe, ils
finissent par y obtenir des récompenses. Voilà la plaie, voilà les
voleurs qu'il faut chasser du temple ! J'ai vainement insisté plusieurs fois, afin de remédier à cet état de choses, pour la création
d'un cours de peinture, professé par *qui de droit*. Les élèves n'y
seraient admis qu'après avoir obtenu des succès notoires dans les
études générales de l'école des Beaux-Arts. »

C'est très-juste. Un cours de peinture, professé par *qui de droit*, lisez par Horace Vernet, c'est excellent. Mais quelle boutade ? Ne dirait-on pas une bulle fulminée par M. Ingres contre M. Delacroix et contre tous les artistes célèbres de nos jours qui ne sont pas encore passés sous les fourches caudines de l'Institut ! M. Horace Vernet, un académicien qui fait la pluie et le beau temps dans les concours, les jurys et les salons; qui peut admettre, repousser, exalter à son gré élèves, exposants, candidats; a-t-il besoin de crier contre les entrepreneurs de succès de coterie, et de fouetter encore les vendeurs du temple ? M. Vernet, se posant aussi en zélateur de la tradition, en défenseur des chefs-d'œuvre de l'antiquité, quand personne n'ignore, quand il convient lui-même en plusieurs écrits, que ses idées, ses pratiques d'artiste ont précisément fait de lui un des plus heureux réfractaires de la tradition; la chose est forte ! Écouteriez-vous un acteur du Palais-Royal, chantant les lamentations de Jérémie à la fin d'une pièce bouffonne pour convertir le public, et les psaumes de David pour corriger les vaudevillistes ?

« Ma vie, mes impressions de voyage, reprit Horace Vernet, il me serait difficile de vous les raconter avec ordre. Mes idées se culbutent dans ma tête comme la foule au sortir du spectacle; vous en saisirez ce que vous pourrez au passage..... J'ai pourtant un moyen de vous renseigner : pendant mes tournées lointaines, et dans les circonstances les plus marquantes de ma carrière, j'ai écrit sur toute espèce de sujets bon nombre de lettres. Cette correspondance vous coûterait à dépouiller beaucoup de temps et de peine; mais puisque vous ne boudez pas devant le travail, je vais faire prendre ces lettres chez maître Yver, mon notaire, et nous découvrirons ensemble le *pot-aux-roses*. Ma vie est écrite avec plus de suite dans le carton que voilà; mais c'est un de mes amis qui le premier doit la lire, si je décampe avant lui de ce monde. »

La correspondance en dépôt chez maître Yver fut apportée à

M. Horace Vernet; mais comme l'artiste venait spontanément de résoudre un voyage à Hyères, au lieu de la mettre sous mes yeux ou dans mes mains, — selon son dire, — il en confia le dépouillement exclusif à un parent, ancien journaliste, son conseiller intime. Ce monsieur m'en apporta avec beaucoup de zèle les premiers fragments par lui triés, transcrits par le scribe ordinaire de M. Horace Vernet, et marqués de points de suspension, qui représentent les passages supprimés des confidences de l'illustre artiste. D'autres fragments également expurgés me furent encore remis. M. Horace Vernet, revenu d'Hyères, revit, certifia et signa de sa main ces extraits, déjà choisis selon ses vœux de publicité, et pour servir dans ce livre de pièces justificatives à l'histoire de sa vie. *L'Illustration* et *la Presse* ont reproduit, à peu de jours d'intervalle, non pas ce manuscrit abrégé, mais de simples lambeaux assez amusants [1]. On s'attendait naturellement à les retrouver ici. J'ai l'espoir d'être en état de les réimprimer à la fin de mon dernier volume, et j'en ai fait, en attendant, l'objet d'un *Mémoire* spécial.

Il me reste à parler de l'œuvre d'Horace Vernet, dont l'étonnante abondance semble résulter de dix existences actives. Il a traité, de la plus petite à la plus vaste dimension, tous les genres connus, avec une vivacité de coup d'œil et une agilité de main inouïes : Rébus, caricatures, dessins de modes, illustrations de livres, architectures, paysages, marines, animaux, portraits, batailles, scènes de mœurs, sujets d'histoire et de religion. Jamais artiste, ni dans le présent ni dans le passé, sauf peut-être Rubens, n'a donné l'exemple d'une pareille faconde. Encore Rubens fut-il aidé par sept ou huit disciples robustes dont les noms rayon-

---

1. *L'Illustration* des 5 et 12 avril 1856 : *Voyage de M. Horace Vernet en Orient* (1839-1840), *fragments de lettres, communiqués par M. Théophile Silvestre.*

La Presse des 8, 9, 10 et 11 avril 1856 : *Voyage de M. Horace Vernet, de l'Institut, en Russie* (1842-1843), *fragments inédits de l'Histoire des Artistes vivants, par Théophile Silvestre.*

nent dans sa propre gloire. Mais, comme on dit, la quantité n'est pas la qualité, et Dieu me préserve d'établir entre l'artiste français et le maître flamand un rapprochement sacrilége. Le génie de Rubens s'épanche en splendeurs immortelles ; la verve d'Horace Vernet flue en vulgarités éphémères ; le grand maître d'Anvers répand triomphalement l'éloquence de l'art ; l'enfant de Paris en bourdonne intarissablement le fâcheux caquetage : l'un est le lion, le géant ; l'autre est le singe, le pygmée.

Chez M. Horace Vernet, comme chez le journaliste et chez l'orateur parlementaire, la promptitude, la prolixité, ont tué à la fois l'idée et l'expression, et je puis dire, sans crainte d'être démenti par les hommes de sentiment et par les connaisseurs, pour qui l'engouement public n'a pas force de loi, que les plus importants tableaux du célèbre auteur de la *Smala* sont des ouvrages mort-nés.

Suivons-le pas à pas, depuis les bureaux du *Journal de Modes*, dont il fut le dessinateur ordinaire, jusqu'aux galeries du Luxembourg et de Versailles.

Artiste amusant et futile, il rendit à merveille le costume et les manières des favoris de la mode qui faisaient la roue, durant le premier Empire, dans les salons, à Longchamps et sur les boulevards de Paris : voici les *Incroyables*, dignes héritiers de la *Jeunesse dorée* : chevelure à l'enfant, à la François Ier, à la Charles XII; chapeau à la Robinson, en barque et à claque; habit bleu de ciel, couleur crottin, vert d'eau, vert saule, gris tourterelle; culotte de peau, de tricot, de casimir ; jabot en chicorée; fauxcol en guillotine ; cravatte en oreilles de lièvre ; bas à mailles coulées ; escarpins à rubans; bottes à revers; lorgnon à la boutonnière, charivari de breloques.

Révérences à ces *Merveilleuses!* Quelle variété capricante de toilettes ! coiffure à l'anglaise, à la chinoise, en diadème; chapeau de lévantine, shako empanaché, cornette en shapska, toque asiatique ; robe à épaulettes, à gigots, à la Ninon; spencer anglais;

écharpe écossaise ; pelisse à fourrures ; pardessus chinois ; canezou de velours ; witz-choura de satin ; robe en rubans bouillonnants ; broches, colliers, bracelets et rivières de diamants aux mille feux.

Ces divinités volages, si bien appelées du nom de *Merveilleuses*, changent à tout moment d'atours et de passions pour briller alternativement par la simplicité, la bizarrerie et le faste, aux champs, à la ville, à la cour, au boudoir, au théâtre et à l'église. Où sont-elles maintenant ces fleurs animées, ces reines de Paris, qui éblouissaient tous les yeux et subjuguaient tous les cœurs ; qui inspiraient des vers aux poëtes, des folies aux diplomates, des caprices aux souverains ? Fées, muses ou courtisanes, théorie de lumineux fantômes, menée dans la nuit de l'oubli par la superbe Tallien et la puissante Récamier !

Dans ses costumes d'Anglais, de Prussiens, de Russes, de dandys, de jokeys, et dans ses caricatures, Horace Vernet, sans égaler à beaucoup près son père Carle, prend un tour délié et piquant : ses Anglais étiques ou obèses se promènent dans les rues de Paris par les temps les plus capricieux, avec une joie erratique mêlée d'étonnement et de dignité. Voyez ce citoyen de *la perfide Albion* bâti en forme de bouteille : le cou c'est le goulot ; le chapeau c'est le bouchon. Milord Puff, gros réjoui, enveloppé dans son carrick à collets innombrables, conduit à la promenade l'énorme mistress Pelisse étouffée de fourrures, et dont la tête de veau est écrasée de panaches, etc.

Voulez-vous une charge d'Horace Vernet ? Pour représenter un homme de six pieds, il lui ajuste trois bottes à chaque jambe ; c'est bien cela.

Vous faut-il un rébus ? Le comte de Chambord, couronne en tête, et couvert du manteau fleurdelisé, aiguise un fémur sur une meule de rémouleur. Cela veut dire : Henri V et Guizot (*aiguise os*).

Inutile de s'arrêter longuement à ses croquis lithographiques : on les trouve à tous les étalages d'imagerie en plein vent, fixés par des morceaux de bois fendus à des ficelles de cuisine. Il y en a de vifs, de bien troussés; d'autres qui sont routiniers, détestables. Bons et mauvais ont été imités, non par Charlet, homme d'originalité et de caractère, ni par Géricault, artiste plein de vigueur et de solidité; ni même par Raffet, qui souvent ne manque pas de mérite; mais par Bellangé, Julien, Victor Adam, et bon nombre d'autres crayonneurs populaires.

Les grands maîtres épris de sentiments élevés présentent dans l'ensemble de leurs sujets une certaine monotonie qu'il ne faut pas hésiter à traiter de sublime, car elle indique la constante noblesse de leurs préoccupations. Les peintres plus humbles, qui ont affecté les scènes de la vie familière, restent également fidèles à leurs motifs de prédilection. M. Horace Vernet voltige d'un sujet à l'autre, barbote dans le ruisseau ou s'essaye à grimper sur le Parnasse. Quel goût dans la série de ses compositions! Judith et Holopherne, — Lancier plumant un poulet, — Abraham et Agar, — Dragon fourrageur, retenant par la queue un cochon qui veut s'enfuir; tiens bon! — La Madeleine au désert, — Troupiers embrochant le chat d'une vieille femme, — Thamar et Juda, — Réconciliation de pochards, — Le Christ au roseau, — Bal champêtre de tourlourous, — Les Adieux de Fontainebleau, — La Fornarina, — Invalide à jambe de bois, — La Belle Édith au col de cygne, — Portrait du pape Grégoire XVI, — Hussard lutinant la fille de l'auberge de la *Grâce de Dieu*, — Intronisation de Léon X, — Soldats jouant à la *drogue*, — Raphaël et Michel-Ange au Vatican, — Zouave cuisinier, épluchant des rats, — La garde meurt et ne se rend pas! — Le Rendez-vous de Jean-Jean, qui s'effraie en chemin des affiches du docteur Albert, — Louis XIV et La Vallière, — et une multitude d'autres sujets de même valeur, entremêlés de siéges, de batailles, de revues, de bivouacs, de corps de garde et de cuisines. Les huit planches, gravées par Ruotte, coloriées par Le Vachez, qui représentent les amours de Louis XIV et de La Vallière, valent bien une mention spéciale. Des légendes explicatives, dont je ne connais pas l'auteur, accompagnent ces délectables sujets. En voici une :

« A peine Mme de Thénières et Mlle de La Vallière sont-elles arrivées au couvent de Chaillot, que tout à coup la grille du couvent tourne sur ses gonds avec fracas. Un groupe de religieuses s'avance en tumulte, s'ouvre, se disperse, et découvre aux yeux de Mlle de La Vallière le roi qui s'élance vers elle. Elle veut fuir, elle se précipite dans le cimetière, où les religieuses viennent de rendre les derniers devoirs à l'une de leurs compagnes, et va tomber au pied de la grande croix de fer placée au milieu d'une touffe d'herbes, auprès de la fontaine. Le roi vole auprès d'elle, lui reproche sa fuite, et veut l'entraîner. Elle se débat, passe son bras autour de la croix et s'y attache fortement. Dans ce moment ses longs cheveux se dénouent et tombent sur ses épaules. Sa violente émotion donnait à son teint un éclat surnaturel; son attitude et l'expression de sa physionomie avaient quelque chose de sublime; jamais elle ne parut si belle aux yeux de Louis. Ce monarque si fier, si majestueux, était suppliant à ses pieds, les yeux baignés de larmes. La Vallière pâlit; ses bras s'amollirent et se détachèrent de la croix. Le roi, saisissant ce moment, la soulève et l'entraîne. »

. . . .

Telle est la variété des motifs qui s'agitent dans l'imagination de M. Horace Vernet. Voyons sa manière de les disposer et de les peindre :

Le geste des personnages est ordinairement vif, pétulant, mais étriqué, vulgaire. La colonne qui monte à l'assaut de Constantine, le tambour qui bat la charge, le général de Lamoricière, au saut d'une mine, le carré Changarnier en avant de Somah, le chirurgien qui panse les blessés à Isly, les artilleurs qui poussent à la roue des batteries de l'Alma; voilà, pour être juste, des morceaux pleins de verve et d'animation.

Les compositions de M. Horace Vernet sont nettes, faciles, mais toujours éparpillées. Elles comprennent une infinité d'épisodes qui, se contrariant les uns les autres, sollicitent les yeux du spectateur de tous les côtés à la fois, et divisent son attention. Ces tableaux s'agitent en fourmilières ou se déroulent en vues panoramiques; il faut être à cent soixante pas de la *Smala* pour la voir d'ensemble, en d'autres termes, pour ne plus la voir du tout. Mais il reste encore le moyen de la parcourir en trois stations. Un vrai peintre entend la composition d'une façon tout opposée : il s'applique d'abord à établir l'ensemble de son œuvre en sacrifiant les détails, comme un dictateur mitraille les rebelles pour sauver l'unité du pouvoir. Rien à retrancher de la composition des vieux maîtres. Coupez le bord des toiles de Raphaël, du Titien, sans approcher même des figures; le sujet est profondément altéré; supprimez dix pieds, quinze pieds de la *Smala*, et remplacez le cadre : la *Smala* n'aura point changé. M. Gustave Planche fut un jour conduit au Louvre par le baron Gérard, qui lui dit, en présence de la *Bataille d'Austerlitz* : « Que pensez-vous de mon tableau à présent? — Il n'y a rien de nouveau, répondit l'écrivain. — Comment? je viens d'y ajouter six pouces de ciel et neuf pouces de terrain. » Le roi Louis-Philippe, qui mesurait les tableaux comme du papier de tenture, fit enlever, mutilation déplorable, quelques doigts de la *Bataille de Taillebourg*, d'Eugène Delacroix. Il eût pu rogner sans inconvénient les tableaux de M. Horace Vernet.

« Celui qui voit abrége, » dit Montesquieu; M. Horace Vernet ne semble voir les choses que pour les allonger. Les vétilles pullulent dans ses peintures. Des reflets, qui arrivent en ricochant de toutes parts, y éclairent également une épingle, un bouton perdu, une mouche volante, un escadron. Il y a dans cette manière de tout jeter aux yeux, sans rien réserver à l'esprit du spectateur, une irritante importunité. La logique de l'erreur entraîne, entraîne l'artiste sans relâche. Après avoir compromis l'aspect

général de la scène, il porte le détail dans chacun des groupes,
dans chacune des figures. Il se met à poser un à un les boutons aux tuniques des soldats, sans oublier le numéro matricule
du régiment, à tordre le filigrane des épaulettes, à aiguiser l'ar-
dillon des courroies, à planter les clous aux caissons. Ostade,
Wouwermans, Téniers, en créant des foules sur un panneau de
deux pieds carrés, savent pratiquer d'intelligents sacrifices en vue
de l'effet général, et ne cherchent jamais la petite bête ; Vander-
Meulen, malgré son exactitude officielle, ne tombe pas non plus
dans une telle minutie. M. Horace Vernet ne nous fait pas grâce
d'un fétu. Il était par nature destiné aux tableautins, et pour
preuve, la toute petite peinture de *la Barrière de Clichy* n'est-
elle pas son chef-d'œuvre? Mais il voulait quand même attaquer
les grandes machines historiques, pour primer les peintres de
genre, étonner le public, enlever les hautes commandes, et suc-
céder à David, à Gros, à Gérard. Malgré l'immensité du cadre,
M. Horace Vernet est resté un peintre nain, un Meissonnier.
L'étendue matérielle du sujet ne décide point d'ailleurs de son
excellence. Il n'y a pas une idée dans l'immense *Smala*, et la
tête d'Érasme, qui tient à peine la place de deux pièces de mon-
naie dans le tableau d'Holbein, comprend un monde de pensées.
Des pensées, des passions, en faut-il demander à M. Horace
Vernet, un sceptique de naissance? On ne trouve même pas
l'empreinte du patriotisme dans l'œuvre de ce peintre, qui a tué
quarante ans, d'un pinceau toujours indifférent, Français, Russes,
Polonais, Autrichiens, Espagnols, Kabyles, et flatté tous les régi-
mes avec une égale servilité. Tenons-nous-en aux procédés du
praticien.

Il est à la fois dépourvu de caractère dans le dessin, d'unité
dans la composition, de magie dans le clair-obscur, de concen-
tration dans l'effet, et d'harmonie dans la couleur. Depuis quelques années surtout, il affecte un coloris d'une amère crudité, et
c'est, je crois, sur la recette d'un marchand du faubourg Saint-

Germain, qu'il s'est mis à entonner sa dernière gamme charivarique :

BLEU CRU, ROUGE CRU, VERT CRU, JAUNE CRU, VIOLET CRU, BLANC CRU.

L'aigre consonnance de ces mots donnera peut-être l'idée de l'assortiment de ses tons.

Toutes ces infirmités sont aggravées en lui par une tradition de famille. Dessin étique, touche sèche, coupante, coloris dissonnant, cliquetis de reflets, qui, chassant les ombres, font perdre la consistance aux objets et la profondeur à l'espace : voilà des vices communs à Joseph, à Carle et à Horace Vernet. Joseph et Horace surtout jettent à poignées leurs personnages, comme des semeurs d'ivraie. M. Frédéric de Mercey dit fort bien aussi en parlant de Joseph Vernet et de Loutherbourg, tant loués à faux par l'enthousiaste Diderot : « Leurs roches se brisent avec une régularité que ne présente pas la nature ; elles ont la transparence de l'agate ou de la topaze, selon que l'ombre les brunit, ou que la lumière les dore de ses rayons ; leurs arbres sont maigres et comptés ; leurs vagues ont la couleur et la solidité du silex ; elles feraient feu sous le briquet [1]. »

Pourtant les tableaux secs, méticuleux, légers des trois Vernet, amusent le public. Le vulgaire aime à voir la peinture de très-près, c'est-à-dire à longueur de nez ; d'y compter et d'y comprendre, sans réflexion et sans effort, beaucoup de choses. Il parcourt ces toiles par petits morceaux, comme il lirait un feuilleton par paragraphes. De ces trois peintres feuilletonistes, Joseph Vernet est le plus fort, Carle le plus spirituel, Horace le plus prolixe. Ils ont ensemble abaissé l'art au niveau de la foule, et la foule qui se reconnaît elle-même dans leurs trivialités, applaudit. Cet engouement public pour les trois Vernet est leur propre condamnation. *Odi vulgus.* L'amour de la popularité, la plus vive des préoccupations de M. Horace, est la plus grossière et la plus fu-

neste des tendances. Raphaël, Léonard de Vinci, Véronèse, ne
faisaient pas ainsi la cour à la multitude ! Pour eux le triomphe
du beau et du grand était tout ; la question de succès et d'argent
n'était rien. Le peuple de Florence, en même temps frappé du
génie et du caractère de Michel-Ange, l'appela le *divin;* le public
de nos jours réserve ses ovations à qui le flatte, l'amuse, ou le
corrompt. Si le Titien, le Corrége, Rembrandt revenaient parmi
nous, MM. Ingres, Dubufe, Winterhalter tenteraient de les pros-
crire, Géricault, dont on a tant déploré la mort prématurée, n'a-
vait certes rien à attendre de Louis-Philippe : le roi n'eût pas
trouvé dans ses ouvrages cette précision, ce léché, cette insigni-
fiance qui le charmaient dans les travaux de M. Horace Vernet, un
peintre sans émotion, sans poésie, sans caractère ; qui comprend
le paysage en officier du bureau des *cartes et plans,* l'histoire
en sténographe, la splendeur décorative en tapissier. Qui a vu un
tableau de celui-là, les connaît à peu près tous. Inutile de recher-
cher dans ces productions, destinées à vivre ce que vivront les
bulletins du journalisme, une seule des vertus qui donnent aux
maîtres la véritable immortalité : hauteur de la pensée, profondeur du savoir, largeur de l'âme, solidité du caractère, charme,
énergie ou noblesse de l'exécution. M. Horace Vernet, c'est le
daguerréotype incarné, la vivante usine d'images populaires, telles
qu'il les faut à la cohue des dimanches dont les yeux voraces,
inassouvis par les funambules et les foires de barrières, viennent
se délecter encore à la *Smala d'Abd-el-Kader* et à la *Prise de
Rome.* M. Horace Vernet a reçu pleinement, et il recevra quelque temps encore les faveurs du vulgaire. Il en est digne. Mais
l'Avenir lui sera dur. Malheur aux artistes qui n'auront travaillé
que pour amuser la plèbe contemporaine ! De leur vivant ils re-
çoivent toute leur récompense. Le succès leur arrive immense,
éclatant, sans mesure. Qu'ils demeurent ensevelis dans cette
popularité banale, comme dans la fosse commune !

OPINIONS DE QUELQUES ÉCRIVAINS FRANÇAIS

SUR LES OUVRAGES

DE M. HORACE VERNET

RAPHAEL AU VATICAN.

Si nous étions dans le temps des despotes, et qu'un despote eût dit à M. Horace Vernet : « Choisis de boire ce poison ou de me faire un tableau de Raphaël ou de Michel-Ange, » je ne blâmerais pas le peintre, je le louerais même d'avoir satisfait cette innocente fantaisie du despote ; mais que, de gaieté de cœur, sans y être seulement invité par personne, M. Horace Vernet ait pensé ce qu'il a pensé, et voulu ce qu'il a voulu, c'est ce que je ne puis me résoudre à comprendre. A M. Vernet l'Italie, le XVIᵉ siècle, Raphaël ! Mais, je vous le demande, quand M. Vernet vous a-t-il laissé entrevoir le moindre sentiment de l'Italie ?... Quant à moi, si l'on voulait me punir de tous mes péchés de critique, le meilleur moyen serait de me faire voir beaucoup de peintures comme le Raphaël de M. Vernet : ce serait autant de gagné sur les peines du purgatoire.

CHARLES LENORMANT, de l'Institut.

Salon de 1833.

ARABES ÉCOUTANT UN CONTE.

Les tableaux envoyés de Rome par M. Horace Vernet seront, selon toute apparence, le testament de ce peintre ; et quel testament ! *L'Intronisation de Léon XII, Judith,* et *Raphaël au Vatican* étaient de pauvres compositions, mais seraient des chefs-d'œuvre auprès des deux toiles de cette année. L'héroïque maîtresse d'Holopherne travestie en soubrette d'opéra comique, le peintre de *l'École d'Athènes* et l'auteur du *Jugement dernier* cloués sur une toile pour prononcer, sans se voir, des paroles qu'ils n'ont peut-être jamais dites, étaient des prodiges d'invention, si on les compare aux deux caricatures que M. Vernet a signées de son nom, cette année. S'il n'a rapporté de son voyage d'Alger que des études pareilles à ses *Arabes écoutant un conte,* c'est une grande pitié que son voyage. *Louis-Philippe, rentrant au Palais-Royal le 30 juillet* 1830, est fort au-dessous du *Camille Desmoulins,* auquel pourtant je ne trouvais rien à comparer. Ainsi, rien n'aura manqué aux profanations de ce talent vulgaire et déplorablement fécond. Après avoir hissé son nom jusqu'à la popularité, à l'aide de quelques batailles qui ne valent guère mieux que les couplets guerriers de nos boulevards, il s'en est pris hardiment au prologue et à l'épilogue de la tragédie jouée par la France entière depuis quarante ans. Il a fait avec les prédications démocratiques de Camille Desmoulins, avec les barricades poudreuses du peuple de Paris, deux vulgarités qui ne pourraient servir de tenture à une auberge de village. Espérons que ses ouvrages de cette année seront les derniers de la liste. Espérons qu'il fera retraite ou du moins qu'il ne touchera plus à l'histoire, et qu'il multipliera, pour les admirations empressées de la bourgeoisie, des compositions inoffensives telles que le *Chien du régiment* ou le *Cheval du trompette*.

GUSTAVE PLANCHE,
Salon 1834. — *Études sur l'École française*.

M. Horace Vernet improvise une page historique ou épique comme une aquarelle.

FRÉDÉRIC DE MERCEY,
Chef de la division des Beaux-Arts au Ministère d'État.
Salon de 1836. — *Revue des Deux Mondes*.

SIÉGE DE CONSTANTINE. — CHASSE AUX LIONS.

Le coloris général est terne, il faut l'avouer, et cette fois la palette de M. Vernet, souvent si riche, ne lui a fourni que des tons lourds et sans transparence. Ce défaut devient encore plus sensible par la monotonie, résultat inévitable des uniformes militaires; capotes bleues, pantalons rouges, on ne voit que bleu et rouge.

Je suis content des officiers; plusieurs me semblent trop académiquement posés. Ils ont l'air d'être là pour se faire peindre, et je serais porté à croire qu'en effet la plupart sont des portraits. On s'aperçoit trop qu'ils ont donné séance, et le peintre a peut-être aussi voulu les flatter.

Si M. Vernet va un dimanche au musée, il entendra des éloges bien flatteurs, parce qu'ils sont justes, de la bouche des soldats qui s'arrêtent en foule devant ses tableaux.

Il y a beaucoup de mouvement, mais assez peu de vérité, je le crains, dans la *Chasse aux lions*. Cet arabe renversé sous son cheval, et qui ajuste froidement son pistolet, ce chameau qui semble se mettre en devoir de manger la lionne, ces chevaux qui ne montrent leur effroi qu'en ouvrant les naseaux ne me plaisent guère.

PROSPER MÉRIMÉE, du Sénat et de l'Académie française.
Salon de 1839. — *Revue des Deux Mondes*.

THAMAR ET JUDA.

C'est faute d'avoir rencontré jusqu'à présent une meilleure place, et désespérant d'en trouver une préférable ailleurs, que nous mentionnons ici la *Thamar* de M. Horace Vernet. Il n'y a pas à discuter ce caprice sans conséquence d'un talent sur lequel on ne peut dire que des lieux communs. On s'est un peu scandalisé de la manière dont M. Horace Vernet, qui n'est nullement théologien, entend la Bible. Il paraît en effet s'être servi, pour nous en traduire cette *galanterie*, du commentaire de Parny. On a été étonné aussi de lui voir affubler à la bédouine les saints personnages de l'histoire sacrée, et d'en parler avec un ton de familiarité dont l'art ne s'était jamais avisé à leur égard.

L. Peisse,
Conservateur à l'école des Beaux-Arts.
Salon de 1843. — *Revue des Deux Mondes.*

PORTRAIT DU PRÉSIDENT PASQUIER.

Voici le chancelier de France, par M. Horace Vernet. Je conviens qu'il n'est pas fait à peindre, avec sa belle simarre amaranthe et violette et sa toque jaune d'œuf. Le plus habile tour de force d'un grand coloriste n'irait pas jusqu'à marier ces vilaines nuances disparates. M. Horace Vernet s'est contenté d'enlever la perruque jaune qui compliquait l'accord avec le bonnet; mais il a laissé la tête naturelle et la robe d'apparat. Impossible d'harmoniser les fonds avec le violet faux et luisant. Je suppose que le peintre aura essayé bien des accessoires avant d'imaginer son fameux bureau d'acajou, couleur chocolat.

T. Thoré.
Salon de 1844. — *Constitutionnel.*

LA SMALA.

Nous autres Français, il faut l'avouer, nous avons un peu peur des qualités robustes et violentes; il ne faut rien pousser chez nous à l'excès, ni le dessin, ni la couleur; l'art sérieux et passionné ne nous va pas; il nous faut en tout un juste milieu, et nous préférons la médiocrité adroite au génie gauche. Nous avons en outre la prétention de comprendre sans écouter, de voir sans regarder. Une œuvre qui exige quelque attention de la part des spectateurs n'aura jamais de succès. Par la nature des sujets qu'il traite (et ce n'est pas nous qui le blâmerons de s'attacher à reproduire l'histoire contemporaine), M. Horace Vernet est tout de suite en communication avec son public. Ses tableaux illustrent d'avance les bulletins, et chacun sait d'avance ce qu'il veut dire. Le texte de ses compositions est répandu à milliers par cent journaux : tout le monde a vu des chasseurs d'Afrique et des zouaves, et, grâce aux fréquentes apparitions des Arabes à Paris, il n'est pas de gamin qui ne sache son Bédouin sur le bout du doigt. Il est tout naturel que les tableaux de M. Horace Vernet jouissent d'une grande popularité; les gens le plus étrangers à la peinture peuvent constater l'exactitude de la reproduction d'un képi, d'une giberne, d'une paire de guêtres ou d'un bournous; et comme ils trouvent toutes ces choses fidèlement reproduites, avec un certain aspect de trompe-l'œil dans les batailles de leur maître favori, ils les regardent comme le dernier mot de l'art.

Nous n'avons aucun parti pris, et nous ne prétendons pas faire la leçon à notre temps; mais nous voudrions qu'une plus grande faveur s'attachât aux productions sérieuses, où le style et la couleur sont ardemment poursuivis par des intelligences éprises du vrai beau.

La Smala fera, au Salon de 1845, un tapage qui détournera, nous le craignons bien, l'attention publique d'œuvres de plus haut titre et de plus longue portée.

L'aspect général du tableau est d'une localité dure, etc.

Une touche nette, propre, sûre comme un paraphe, frappe chaque détail et donne à l'ensemble un air ciré, brossé, une apparence de tôle vernie ou de papier peint, désagréable à l'œil. — Les corps sont minces et sans épaisseur, et les accessoires traités trop uniformément. — Le même ton qui sert à colorer le teint basané d'un Bédouin, s'étale aux flancs d'une couche d'argile sans différence de valeur appréciable.

Nous ferons encore un reproche à M. Horace Vernet : c'est de n'avoir pas pris son sujet assez au sérieux. Plusieurs de ses figures sont évidemment tracées avec une intention grotesque, enlaidies ou grimaçantes à dessein ; certains de ses Arabes sont plus laids que des Prussiens ou des Kalmoukes du Cirque-Olympique. La peur est exprimée sur leurs traits d'une façon qui frise la charge ; il faut laisser cela aux caricaturistes de profession. Nous avons vaincu les Arabes, — c'est glorieux pour nous, — mais en fait de beauté, de tournure et de caractère, nous sommes beaucoup au-dessous d'eux.

Nous sommes étonnés qu'un peintre ne se soit pas senti ému de plus de commisération pour ces belles figures..... De si beaux ennemis doivent être peints avec gravité et respect. — Il n'y a rien de gai d'ailleurs dans cette irruption soudaine de cavalerie au milieu d'un camp rempli de femmes, d'enfants et de vieillards ! — Tuons les Arabes, puisque nous sommes en guerre avec eux ; mais ne les peignons pas faisant pour mourir des grimaces de Bobêche ; ils défendent leur religion et leur patrie, et ceux qui tombent sous nos balles voient déjà, de leurs yeux voilés de sang, s'entr'ouvrir le paradis de Mahomet, avec les trois cercles de houris bleues, vertes et rouges, car ce sont des saints et des martyrs.

M. Horace Vernet n'a pas besoin, pour réussir, d'un appel de mauvais goût à la popularité.

Théophile Gautier.

Salon de 1846. — *La Presse.*

MÊME SUJET.

On assure que les militaires sont pleinement satisfaits, et qu'ils admirent l'exactitude que M. Horace Vernet a apportée en cette occasion, comme en tant d'autres, à reproduire jusqu'aux plus minutieux détails des habitudes et des mouvements des soldats ; et les connaisseurs en peinture trouveront sans doute que le peintre a, on ne peut plus, profité des ressources variées de son art.

La dimension de ce tableau étant de soixante pieds dans sa largeur, toutes les conditions ordinaires de la perspective pittoresque ne pouvaient être admises. D'après la conformation de notre œil, et selon les lois de l'optique qui en dérivent, il ne faudrait pas moins de cent soixante pieds de reculée pour percevoir d'un seul coup d'œil un tableau de soixante, ce qui ne permettrait plus au spectateur de distinguer les détails. M. H. Vernet a donc soumis l'ensemble de sa vaste scène à plusieurs points de vue, comme un panorama, et le seul moyen pour le bien voir et en saisir tous les détails est de procéder comme devant une frise, et de faire trois ou quatre stations. Voici une belle page pour les galeries historiques de Versailles, et le cœur paternel du Roi doit être heureux d'y voir une mémorable action d'un de ses nobles fils si dignement représentée.

DELÉCLUZE.

Salon de 1845. — Débats.

MÊME SUJET.

Dans le tableau de Paul Véronèse (les Noces de Cana, tableau recouvert par la Smala de M. Horace Vernet au Salon de 1845), il y a un centre principal pour arrêter le regard, un personnage principal pour fixer l'intérêt, une action principale pour modérer la curiosité. Chaque groupe, chaque figure, chaque mouvement est entendu de manière à ne point disputer le spectateur aux trois rigoureuses attitudes que tout grand ouvrage en peinture réclame de lui, à savoir : qu'il se pose en un point fixe et convenable, qu'il s'y plaise, et qu'il n'en soit pas détourné, avant d'avoir joui suffisamment de l'ensemble, pour passer quand il voudra à l'analyse des parties.

M. Horace Vernet s'y est pris autrement dans son tableau.

Paul Véronèse, comme tous les maîtres sans exception, qui en tout ordre de sujets et de programmes ont affecté la dimension colossale du cadre, ont mis la proportion de leurs figures en rapport avec cette dimension. La proportion choisie pour ses figures par M. Horace Vernet, est une proportion bâtarde que rien ne saurait justifier. Un critique, M. Delécluze, assure que l'ensemble du vieil Arabe assis, pris par M. Horace Vernet comme point de départ de la diminution perspective de ses figures à chacun des points de son tableau, est grand comme le naturel. Nous aimerions à nous en rapporter à cet homme savant et exercé à voir; mais vraiment nous avons peine à le faire. Au reste, M. Delécluze doit penser avec nous qu'en fait d'art la justesse réelle d'une mesure n'est rien et que la mesure apparente est tout. La proportion est d'autant plus bâtarde qu'elle se tient plus près de la mesure naturelle sans paraître toutefois y atteindre. L'impression qui en résulte est destructive de toute grandeur dans un ouvrage d'art.

Van der Meulen, qui a exprimé avec tant de convenance les marches, les siéges, les campements des armées de Louis XIV, se tenait dans un autre ordre de composition. Et je regrette de n'avoir pas ici assez d'espace pour faire ressortir sa supériorité en plusieurs points. Mais je signale seulement l'heureuse proportion de ses figures dans ses paysages, auxquels elles laissent l'air et l'étendue convenables, sans être elles-mêmes écrasées ou seulement atténuées dans leur ressort. Chez Van der Meulen le ciel, le champ et l'homme sont mis en rapport de la façon la plus amie de l'œil et de l'intelligence. Aussi n'a-t-on jamais pensé à le blâmer ou à le défendre à cet égard.

Ce mauvais choix de la proportion ne doit pas au reste s'attribuer à M. Horace

Vernet seul. Depuis plusieurs années, nos expositions prouvent qu'il s'intro-
duit dans notre école des errements tout à fait disgracieux et absurdes à cet
égard. Ces errements sont issus des idées parfois anti-pittoresques qu'a imprimées
à notre école l'influence de quelques-uns des programmes du musée de Versailles.

(Suivent des jugements sévères sur la couleur, l'effet, en un mot sur toutes les parties de
la peinture de M. Horace Vernet.)

JEANRON, ancien directeur des Musées.
Salon de 1845. — *La Pandore.*

BATAILLE D'ISLY.

Tout le monde voudrait avoir la lithographie de cette composition patriotique;
mais de tableau, point. Il est impossible de saisir l'ensemble de la scène, faute
de centre d'effet et d'unité d'impression. Les fonds manquent de profondeur, et
le ciel est, comme toujours, en papier gris légèrement bleuté.

T. THORÉ.
Salon de 1846.

MÊME SUJET.

Le principal reproche que nous adressons à M. Horace Vernet, qui cependant
connaît l'Afrique, c'est la froideur de ses ciels.... Cette atmosphère d'un bleu
ferblanté, que le peintre de La *Smala* et de la *Bataille d'Isly* fait invariable-
ment régner au-dessus de ses compositions, et qui a la sérénité glaciale des
beaux jours d'hiver, n'offre aucun rapport avec cet azur incandescent, ce lapis-
lazuli en fusion, qui s'arrondit en voûte au-dessus de la terre d'Afrique, surtout
au mois d'août. — En peinture, le ciel est la première chose; c'est lui qui donne
aux tons leur valeur relative; aussi ce ciel de tôle amène-t-il des luisants, des
crudités, des apparences métalliques; à la lueur de ce jour faux, les nuances
perdent leur finesse, les détails s'accusent durement, les formes s'immobilisent,
la vie se fige.

THÉOPHILE GAUTIER.
Salon de 1846. — *La Presse.*

MÊME SUJET.

Il (H. Vernet) s'est attaché à peu près exclusivement à la ressemblance des personnages. Malheureusement ce mérite que je ne songe pas à contester ne peut
toucher que les familles auxquelles appartiennent les modèles de M. Vernet.
Quant à la composition proprement dite, quant à la nécessité d'établir sur le
mouvement des acteurs l'intérêt qui satisfait l'esprit, l'harmonie qui satisfait
les yeux, M. Vernet paraît ne pas s'en être préoccupé un seul instant. On peut
croire sans malveillance et sans présomption, qu'il n'a pas élevé son ambition
au-dessus du procès-verbal. Il semble s'être proposé surtout de contenter les
officiers d'état-major en obéissant aveuglément à leurs souvenirs.

GUSTAVE PLANCHE.
Salon de 1846.

DU *CHIC*, DU *PONCIF*, ET DE M. HORACE VERNET.

Le *chic*, mot affreux et bizarre et de moderne fabrication, dont j'ignore même l'orthographe, mais que je suis obligé d'employer parce qu'il est consacré par les artistes pour exprimer une monstruosité moderne, signifie : absence de modèle et de nature. Le *chic* est l'abus de la mémoire; encore le *chic* est-il plutôt une mémoire de la main qu'une mémoire du cerveau; car il est des artistes doués d'une mémoire profonde des caractères et des formes, — Delacroix ou Daumier, — et qui n'ont rien à démêler avec le *chic*.

Le *chic* peut se comparer au travail de ces maîtres d'écriture doués d'une belle main et d'une bonne plume taillée pour l'anglaise ou la coulée, et qui savent tracer hardiment, les yeux fermés, en manière de paraphe, une tête de Christ ou le chapeau de l'Empereur.

La signification du mot *poncif* a beaucoup d'analogie avec celle du mot *chic*. Néanmoins elle s'applique plus particulièrement aux expressions de tête et aux attitudes.

Il y a des colères *poncif*, des étonnements *poncif*, par exemple l'étonnement exprimé par un bras horizontal avec le pouce écarquillé.

Il y a dans la vie et dans la nature, des choses et des êtres *poncif*, c'est-à-dire qui sont le résumé des idées vulgaires et banales qu'on se fait de ces choses et de ces êtres : aussi, les grands artistes en ont horreur.

Tout ce qui est conventionnel et traditionnel relève du *chic* et du *poncif*.

Quand un chanteur met la main sur son cœur, cela veut dire : je l'aimerai toujours ! — Serre-t-il les poings en regardant le soufleur ou les planches, cela signifie : il mourra le traître ! — Voilà le *poncif*.

Tels sont les principes sévères qui conduisent dans la recherche du beau cet artiste éminemment national, dont les compositions décorent la chaumière du pauvre villageois et la mansarde du joyeux étudiant, le salon des maisons de tolérance les plus misérables et les palais de nos rois.

Je sais bien que cet homme est un Français, et qu'un Français en France est une chose sainte et sacrée, — et même à l'étranger, à ce qu'on dit....

Dans le sens le plus généralement adopté, Français veut dire vaudevilliste, et vaudevilliste un homme à qui Michel-Ange donne le vertige, et que Delacroix remplit d'une stupeur bestiale, comme le tonnerre certains animaux. Tout ce qui est abîme, soit en haut, soit en bas, le fait fuir prudemment; le sublime lui fait toujours l'effet d'une émeute; il n'aborde même son Molière qu'en tremblant, et parce qu'on lui a persuadé que c'était un auteur gai.

. . . .

M. Horace Vernet est un militaire qui fait de la peinture. — Je hais cet art improvisé au roulement du tambour, ces toiles badigeonnées au galop, cette peinture fabriquée à coups de pistolet.....

Pour définir M. Horace Vernet d'une manière claire, il est l'antithèse absolue de l'artiste, il substitue le *chic* au dessin, le charivari à la couleur et les épisodes à l'unité; il fait des Meissonnier grands comme le monde. Du reste pour remplir sa mission officielle, M. Horace Vernet est doué de deux qualités éminentes, l'une en moins, l'autre en plus : nulle passion et une mémoire d'almanach ! Qui sait mieux que lui combien il y a de boutons dans chaque uniforme, quelle tournure prend une guêtre ou une chaussure avachie par des étapes nombreuses ; à quel endroit des buffleteries le cuivre des armes dépose son ton vert-de-gris ? — Aussi, quel immense public et quelle joie ! Autant de publics qu'il faut de métiers différents pour fabriquer des habits, des shakos, des sabres, des fusils et des canons ! Et toutes ces corporations réunies devant un Horace Vernet par l'amour commun de la gloire ! Quel spectacle ! . . .

On dit qu'un jour M. Horace Vernet alla voir Pierre de Cornélius, et qu'il l'accabla de compliments. Mais il attendit longtemps la réciprocité, car Pierre de Cornélius ne le félicita qu'une seule fois pendant toute l'entrevue, — sur la quantité de champagne qu'il pouvait absorber sans être incommodé. — Vraie ou fausse, l'histoire a toute la ressemblance poétique.

. . . .

Ainsi l'on peut chanter devant toutes les toiles de M. Horace Vernet :

> Vous n'avez qu'un temps à vivre,
> Ami, passez le gaiement.

CHARLES BAUDELAIRE.
Salon de 1846; Michel Lévy, édit.

HORACE VERNET. — COURBET. — THÉODORE ROUSSEAU. — UNE ALLÉGORIE POLITIQUE DE M. HORACE VERNET

Un jour que les membres du jury de peinture, dans l'exercice de leurs fonctions, parcouraient les salles du Palais-National, où étaient déposées les toiles sur l'admission ou le rejet desquelles ils avaient à se prononcer, ces messieurs se trouvèrent face à face avec le tableau de M. Courbet, *un Enterrement à Ornans.* Pas n'est besoin de dire l'expression d'antipathique dédain qui, à cette vue, vint se traduire sur le visage de M. Horace Vernet.

« Vous appelez cela de la peinture? dit-il, du naturalisme? mais, dans la nature, il y a du soleil, apparemment, et je n'en vois pas la moindre trace ici. Cette scène ne se passe pas sous le ciel... Moi, quand je veux peindre, j'ouvre ma fenêtre et je peins ce que je vois. »

« Moi, répliqua M. Théodore Rousseau qui se trouvait auprès de M. Horace Vernet, quand je veux peindre, ce n'est pas ma fenêtre, c'est mon intelligence que j'ouvre. »

De ces mots nous garantissons, non le texte, mais le sens. D'ailleurs, et tout d'abord, il doit être bien entendu que nous ne prenons ici fait et cause pour aucun des deux interlocuteurs, et que nous nous tenons complétement en dehors de la question de personnes que ce court et vif débat semble impliquer.

Non, nous visons plus haut.

Bien mal avisé, en effet, serait celui qui ne verrait ici qu'une anecdote curieuse, bonne tout au plus à jeter quelque variété dans douze mortelles colonnes de critique d'art.

Nous n'avons rapporté ces paroles que pour démontrer visiblement notre droit, à nous critique, de venir demander à Horace Vernet, à ce peintre qui ouvre sa fenêtre quand il veut peindre, et qui ne peint que ce qu'il voit, de venir lui demander, disons-nous, par quelle fatale inspiration il a tenté de personnifier, sous figure humaine, le choléra et le socialisme.

Tout le monde a vu derrière les vitres des marchands d'estampes du boulevard, une gravure due au talent correct et froid de M. Jazet, et dont l'original est de M. Horace Vernet. On a dit qu'il voulait exposer cette peinture au Salon, mais qu'il en avait été détourné par de sages amis : grâces leur en soit rendues ! Ils ont compris que c'est chose peu digne d'un véritable artiste que de choisir, dans certains temps, de certains sujets. Les clameurs et les enthousiasmes s'adressent alors, non plus à l'œuvre, mais au fait représenté ; on quitte la sphère sereine de l'art pour descendre dans l'arène agitée de la politique, et c'est toujours fâcheux.

Ce n'était point ainsi, ce n'était point avec des armes étrangères à leur main, à leur âme, à leur intelligence d'artistes, que M. Ingres et M. Delacroix se mesuraient, il y a quelques années, dans nos expositions publiques ; ce ne fut jamais par le choix des sujets, mais par leurs œuvres elles-mêmes, qu'ils groupèrent si souvent devant celles-ci des foules diversement passionnées.

Trêve aux réflexions ; arrivons au fait.

La gravure de M. Jazet, d'après M. Horace Vernet, a la prétention de représenter les *Fléaux du dix-neuvième siècle : Choléra et Socialisme.*

Une figure de jeune homme, revêtue d'une longue robe asiatique, est assise sur un cadavre décapité étendu sur un échafaud. Cette figure c'est le Choléra. Le Choléra joue de la flûte avec un tibia perforé. Derrière cet étrange, et on en conviendra, fort énigmatique flûteur, est un squelette, assis aussi, et lisant *Le Peuple.* Autour d'eux, gisent sur le pavé bouleversé, de nombreux cadavres.

Quand on fait choix d'un semblable sujet, n'est-il pas vrai qu'on est obligé de réussir?.... Aussi qu'est-ce que cela? Du prosaïsme honteux, auquel on ne peut comparer que le plafond de la salle des *Pas-perdus* du palais législatif.

Qu'est-ce que cela? un ensemble d'une nullité telle, que M. Jazet a pu le traduire fidèlement, sans apporter la plus légère modification aux moyens graphiques qu'il a mis en usage pour reproduire *Juda et Thamar,* la *Rébecca,* etc., de M. Horace Vernet.

J.-J. ARNOUX.
Salon de 1850-51. — *Patrie.*

OUVRAGES DE M. HORACE VERNET

PAR ORDRE CHRONOLOGIQUE

1809 : Sept cents dessins ou lithographies. — Autres sujets pour l'illustration de Molière, de La Fontaine et de l'Histoire de Napoléon.

1811 : Deux dessins pour M. Gamble, chevaux, dessins et caricatures pour le *Journal des Modes.* — Dessins pour le *Dépôt de la Guerre.* — Portrait de M. de Carignan, 500 fr. — Portrait de M**ᵉ des Androins, 350 fr. — Portrait de M. Doumerc fils, 500 fr. — Un dessin pour M. Perne.

1812 : Un tableau pour le roi Jérôme de Westphalie, 8,000 fr. — Dessins pour le *Journal des Modes.* — Un tableau pour le docteur Bourdois, 500 fr. — Deux portraits pour M. Le Cordier, 800 fr.

1813 : Un tableau pour le roi Jérôme de Westphalie, 8,000 fr. — Un tableau pour l'impératrice Marie-Louise, 800 fr. — Un dessin pour M. Mallet, 500 fr. — Sujets pour le *Journal des Modes.* — Dessins, chevaux, etc.

1814 : Sujets pour le *Journal des Modes.* — Costumes. — Caricatures. — Dessins de cosaques. — Une grande caricature, 200 fr. — Petits tableaux. — Portrait de M. Doumerc. — Portrait de M**ᵉ Lenoir (500 fr.).

1815 : Costumes. — Dessins. — Portraits du comte M. D..., — du génénal Clarke, — du colonel Belmont, — de M. Bonafous. — Un tableau pour M. Lenoir (400 fr.).

1816 : Costumes. — Dessins. — Un grand dessin pour M. Pfeiffer (250 fr.). — Portrait de M. Jousserand (500 fr.). — Trois portraits pour lord Kinnaird (2,500 fr.). — Portrait de M. de Cubières (500 fr.). — La mort de Poniatowski (1,200 fr.). — Bataille de Somma-Sierra (2,400 fr.). — Deux dessins : Mathilde et Maleck-Adel (300 fr.).

1817 : Mort du général Rapp (1,200 fr.). — Costumes, dessins, diverses lithographies sur une seule pierre (600 fr.). — Don Sanche, tableau pour la maison du roi (600 fr.). — Portrait du colonel Moncey (1,000 fr.). — Tableau pour M. Anisson (1,500 fr.). — Deux petits tableaux ; sujets tirés de Molière pour l'éditeur Desoer (576 fr.). — Deux tableaux pour le duc d'Orléans (1,400 fr.). — Portrait du duc d'Orléans (3,000 fr.).

1818 : Dessins, lithographies. — Un tableau représentant le duc d'Orléans à Vendôme, sauvant un prêtre (pour mademoiselle d'Orléans, 1,000 fr.). — Deux tableaux (576 fr.). — Un tableau pour M. Aumont. — Portrait de M. Anisson (1,200 fr.). — Portrait du cheval de M. Sommariva (600 fr.). — Portrait du colonel Talhouet (3,000 fr.). — Deux tableaux pour le duc d'Orléans : le grenadier ; une scène dans les montagnes de la Suisse (1,500 fr.). — Un petit portrait de Napoléon (250 fr.). — Un tableau pour M. Delessert (2,000 fr.). — Les enfants de Paris, à M. Odiot (1,000 fr.). Une marine, à M. le duc d'Orléans (2,000 fr.).

1819 : Dessins, lithographies. — L'Arabe, à M le duc d'Orléans (4,000 fr.). — Le grenadier, à M. Aumont (340 fr.). — Un tableau (340 fr.). — Un tableau , à M. Desoer (300 fr.). — Molière, à M. de Jassant (4,000 fr.). — Deux tableaux pour M. le duc de Berry : le chien du régiment ; le trompette blessé (5000 fr.). — Le massacre des Mamelucks (musée du Luxembourg, 9,950 fr.). — La vie de soldat : dessins, lithographies, vignettes, albums.

1820 : Un tableau de genre (4,000 fr.). — Un petit tableau pour M. Desoer (300 fr.). — Portrait de M. de Marmier (1,200 fr.). — Un grenadier pour le duc de Liancourt (4,500 fr.). — La barrière de Clichy pour M. Odiot, (4,000 fr.).

1821 : Illustration de la Henriade : dessins, lithographies. — Portrait de Mme Smith (2,000 fr.). — La bataille de Jemmapes, au duc d'Orléans (musée de Versailles, 8,000 fr.). — Une Madeleine, à M. de Jassant (4,000 fr.). — Portrait de M. Machado (2,500 fr.). — Portrait de M. Germain (2,000 fr.). — Une petite marine, à M. G. Delessert (4,500 fr.). — Intérieur d'atelier, à M. de Lariboissière (3,000 fr.). — Le tombeau de Napoléon, à M. G. Delessert (3,000 fr.). — Portrait de M. P... (4,500 fr.). — Les capucins, à M. Laffitte (6,000 fr.). — Répétition du tombeau de Napoléon, à M. Laffitte (3,000 fr.).

1822 : Dessins, lithographies. — Portrait de M. G. Delessert (2,000 fr.). — Une marine, à M. G. Delessert (4,000 fr.). — Une autre marine, effet de crépuscule, à M. Duchène (4,200 fr.). — Une odalisque, à M. Noel (3,000 fr.). — L'empereur Napoléon, lithographié, pour Mme Delpech (4,500 fr.). — Molière pour M. Desoer (300 fr.). — Grande marine pour la maison du roi Charles X (6,000 fr.). — Portrait de M. Anisson (4,000 fr.). — La peste de Barcelonne pour M. de Jassant (2,400 fr.). — Bataille de Montmirail pour le duc d'Orléans (40,000 fr.).

1823 : Dessins, lithographies, pour l'illustration de la Henriade. — Un tableau, pour M. le duc de Liancourt (4,500 fr.). — La dernière cartouche, à M. Vamerille (2,500 fr.). — Un tableau à la Société des amis des arts (3,000 fr.). — Un petit tableau, à M. G. Delessert (4,200 fr.). — Autre tableau, pour le duc d'Orléans (4,200 fr.). Deux portraits de Napoléon, pour une princesse russe (2,000 fr.). — Un cheval à M. Schroth (700 fr.). — Portrait de Mme Mallet (4,500 fr.). — Copie du portrait de Mme Mallet (700 fr.). — Tableau de chasse pour M. Schroth (2,000 fr.). — Un Écossais, pour M. Schroth (4,500 fr.).

1824 : Dessins, lithographies, pour l'illustration de la Henriade. — Une chasse, effet de brouillard pour M. Schroth (2,000 fr.). — Un dromadaire (4,000 fr.). — Un tableau pour M. Desoer (sujet de Molière, 500 fr.). — La bataille de Hanau, au duc d'Orléans (40,000 fr.). — Une petite marine pour M. Duchène (4,200 fr.). — Portrait de Mme de Castellane (5,000 fr.). — Une marine pour M. Schroth (4,200 fr.). — Portrait du maréchal Gouvion Saint-Cyr (6,000 fr.). — Une marine, à M. Duchène (4,500 fr.). — Portrait de M. de Castellane fils (4,000 fr.). — Un sujet turc pour M. Schroth (4,500 fr.). — Portrait du duc d'Angoulême (9,950 fr.). — Une chasse pour M. Schikler (8,000 fr.). — Portrait de M. de Montmorency (4,500 fr). — Pêcheurs de mer, à M. Duchène (4,500 fr.).

1825 : Dessins, lithographies, pour la librairie illustrée. — Portrait de Charles X (9,950 fr.). — Un cheval de course, à M. Duchène (4,500 fr.). — Une marine, à M. Schroth (4,530 fr.). — Un petit tableau, à M. Duchène (500 fr.). — Une course,

à M. Duchêne (2,000 fr.). — Un tableau pour M. Desoer, sujet de Molière (500 fr.).
— Le braconnier, à M. Duchêne (300 fr.). — Une chasse, à M. Duchêne (1,000 fr.).
— Les adieux de Fontainebleau, à M. de Chambure (7,000 fr.). — Portrait de Mme de
l'Épinay (2,000 fr.). — Évasion de M. de Lavalette (8,000 fr.). — Les pêcheurs,
à M. Duchêne (500 fr.). — Copie du portrait de Mme de l'Épinay (1,000 fr.). — La
tête de l'empereur Napoléon mort, à M. Duchêne (500 fr.). — Mazeppa, à M. Duchêne (15,000 fr.). — Un petit tableau pour M. Desoer, sujet de Molière (500 fr.).
— Portrait du général Foy, pour M. de Chambure (2,500 fr.). — Un tableau pour
la société des Amis des Arts (1,500 fr.).

1826 : Dessins, lithographies pour la librairie illustrée. — Un tableau à M. Odiot
(5,000 fr.). — Deux tableaux à M. Sazerac (2,500 fr.). — Portrait du prince Frédéric
(6,000 fr.). — Portrait de M. de La Grange (1,500 fr.). — La bataille de Valmy pour
M. le duc d'Orléans, musée de Versailles (10,000 fr.). — Portrait du maréchal Suchet
(2,500 fr.). — Portrait de M. Pourtalès (2,000 fr.). — La paysanne à M. Jannet
(3,000 fr.). — Portrait de M. Démidoff (3,500 fr.). — Portrait de Mme Friant (4,000 fr.).
— Le pont d'Arcole à M. Laffitte (10,000 fr.).

1827 : Lithographies. — Un tableau pour le duc de La Rochefoucauld-Liancourt
(3,000 fr.). — Copie du tableau de Mazeppa pour la ville d'Avignon (2,000 fr.). —
Portrait de M. Schikler (1,500 fr.). — Le Giaour à M. Schikler (4,000 fr.). — Une vue
d'Arles (1,000 fr.). — Deux petits chevaux à M. Schikler (1,500 fr.). — Jules II, plafond au musée du Louvre (17,910 fr.). — Deux tableaux pour M. Desoer, sujets de
Molière (1,000 fr.). — Philippe-Auguste (Versailles, 24,775 fr.).

1828 : Dessins. — Portrait en pied du maréchal Suchet. — Deux portraits de M. de
Girardin, député (3,500 fr.). — L'arrestation des princes, à M. le duc d'Orléans
(6,000 fr.). — Combat entre une jument et un loup pour M. Dupré (4,000 fr.). —
Bataille de Fontenoy, musée de Versailles (30,000 fr.). — Portrait de Napoléon
(1,500 fr.). — Un cheval pour M. Schikler (1.500 fr.). — Portrait de M. Boscari de
Villeplaine (2,000 fr.).

1829 : Portrait de M. Carrette fils (2,000 fr.). — Portrait de Mme Salverte (1,400 fr.).
— Le Bouvier (4,000 fr.). Édith au col de cygne (1,200 fr. à M. Didier-Petit).

1830 : Un tableau pour le prince de Galitzin (2,000 fr.).

1832 : Combat contre des brigands italiens (5,000 fr.). — Confession des brigands
(5,000 fr.). — La *Vittoria* à M. d'Eicktal (3,500 fr.). — Judith et Holopherne (musée
du Luxembourg). — Un tableau pour M. de Vogué (1,100 fr.). — Portrait des enfants
de M. Gray (2,718 fr.).

1832 : Portraits de M. et de Mme R*** (700 fr.). — Portrait de M. de Campbell
(1,200 fr.).

1833 : Un portrait (1,200 fr.). — Portrait du roi Louis-Philippe (6,000 fr.). —
Raphael au Vatican (musée du Luxembourg, 12,000 fr.). — Le pape Léon XII porté
à Saint-Pierre (12,000 fr.). — Le duc d'Orléans à l'Hôtel-de-Ville (10,000 fr.). —
Portrait du maréchal Molitor (4,000 fr.). — Portraits de M. et de Mme Eynard
(3,000 fr.). Les Arabes conversant sous un figuier, à lord Pembroke (8,000 fr.). —
Portrait de Mme la marquise de Dalmatie (5,000 fr.). — Répétition des Arabes conversant sous un figuier, à M. Gourieff (8,000 fr.). — Rébecca, à M. le duc de Rohan
(3,000 fr.).

1834 : Un tableau à M. de Ferzen (1,000 fr.). — Une chasse au sanglier (1,000 fr.) pour le même. — Un Arabe pour le même (1,000 fr.). — Une vue de Bône pour le même (1,000 fr.). — Une chasse au lion pour le même (1,000 fr.). — Une chasse sur le Téverone pour M. de Mortemart (1,000 fr.). — Un tableau pour M. de Ferzen (2,000 fr.). — Un tableau pour un Russe (3,000 fr.). — Portrait du roi de Sardaigne (14,000 fr.).

1835 : Le choléra à bord de *la Melpomène* pour la ville de Marseille (8,000 fr.). — Une chasse au sanglier en Afrique, à M. Jazet (8,000 fr.). — La prise de Bône (10,000 fr.). — Musée de Versailles.

1836 : Batailles d'Iéna, de Friedland et de Wagram (54.000 fr. les trois). — Un marchand d'esclaves pour M. Jazet (4,500 fr.). — Portrait de M. le comte de Lhastenay (3,500 fr.). — Une chasse aux lions en Afrique, à M. Jazet (8,000 fr.). — Portrait du colonel Oudinot (2,000 fr.).

1837 : Portrait de la princesse de Wicktenstein (20,000 fr.). — Un Arabe mort, à M. Seninoff (1,000 fr.). — Abraham et Agar, à M. de Feltre (4,000 fr.).

1838 : La porte de Constantine, à M. Jazet (5,000 fr.). — Les contrebandiers (2,000 fr.). — Dessins pour l'*Histoire de Napoléon* (40,000 fr.). — Revue passée par Napoléon, pour l'empereur Nicolas de Russie (25,000 fr.). — Portrait de M. de Saint-Aulaire (3,000 fr.).

1839 : Travaux de Versailles (salle de Constantine, 197,500 fr.). — Le colonel Changarnier, tableau pour la ville d'Autun (4,000 fr.). — Une vue de Constantine (2,000 fr.). — Le maréchal Vallée, pour le duc d'Orléans (10,000 fr.).

1840 : Un Arabe à cheval, en retraite, pour M. Hottinguer (2,500 fr.). — L'empereur Napoléon sortant de son tombeau, à M. Jazet (4,000 fr.). — Une chasse, pour M. Hottinguer (3,000 fr.).

1841 : Thamar et Juda, à M. de Pourtalès (10,000 fr.).

1842 : Une tête de Christ pour Mme Horace Vernet. — La poste dans le désert et la prière de l'Arabe, pour M. Giroux (5,000 fr. les deux). — Portrait de M. Pasquier (10,000 fr.).

1843 : Portrait de l'impératrice de Russie (50,000 fr.).

EXPOSITION AUX DIVERS SALONS

1812 : La prise du camp retranché de Glatz en Silésie. — Intérieur d'écurie cosaque. — Intérieur d'une écurie polonaise. — Portrait en pied d'un jeune militaire. — Intérieur d'un vieux château servant d'écurie à des polonais rejoignant l'armée.

1814 : Portrait en pied d'un garde d'honneur. — Intérieur d'une écurie polonaise.

1817 : Bataille de Toloza. — Une halte. — Surprise d'avant-poste. — Mort de Poniatowski. — Portrait du colonel M***. — Idem du colonel C***. — Une bataille.

1819 : Massacre des Mamelucks. — Ismayl et Maryam. — Guérille embusqué. — Combat d'avant-postes. — Portrait du duc d'Orléans passant une revue de hussards. — L'hospice du mont Saint-Gothard. — Grenadier français sur le champ de bataille. — Intérieur d'une étable à vaches. — Marine. — Prêtresse druide. — La folle par amour. — Mort de Poniatowski. — Revue du 2e régiment de grenadiers à cheval de la garde royale. — Marine. — Molière consultant sa servante. — Plusieurs autres sujets.

1822 : Joseph Vernet attaché au mât d'une felouque.

Même année. — Des difficultés s'étant élevées entre M. Horace Vernet et le jury du Louvre, l'artiste exposa au public, dans ses propres appartements, les tableaux qui suivent :

La bataille de Jemmapes. — Défense de la barrière de Clichy. — La jeune Druidesse. — La Folle de Bedlam. — Marine grecque, appartenant à S. A. R. le duc d'Orléans. — Autre marine appartenant à S. A. R. le duc d'Orléans. — Le général Morillo. — M. Dupin, avocat. — Portrait de M. Chauvelin, député. — MM. Madier de Montjau, père et fils. — Le général Drouot. — Vue du Vésuve. — La mort de Poniatowski. — L'hospice du Saint-Gothard. — Une odalisque tenant un sablier. — Une Madeleine pénitente, appartenant à M. de Jussau, lieutenant des gardes-du-corps. — Portrait en buste de Mme Smith. — Le Soldat de Waterloo. — Le Soldat laboureur. — Le deuxième régiment de grenadiers royaux, commandé par le général Talhouet. — Le Camoëns sauvant ses manuscrits du naufrage. — Scènes de Molière pour l'édition nouvelle de M. Desoer : Scène du Misanthrope, L'assemblée. — Dénoûment du Festin de Pierre. — Scène de l'École des Maris. — Scène du Cocu imaginaire. — Scène de l'École des Maris. — Scène des Précieuses ridicules. — La route de Kabrunn. — Une Marine. — Portrait d'Anisson-Duperron fils. — Défense d'Huningue, appartenant à M. de Marigny. — Portrait en pied de S. A. R. le duc d'Orléans. — Une embuscade de guérillas. — Lanciers polonais se battant contre des guérillas. — Portrait de F.-Ph.-L. d'Orléans, duc de Chartres, né à Palerme, le 3 septembre 1840. — Vue de Boulogne-sur-Mer pendant des préparatifs publics. — Scène de fanatisme espagnol. — Intérieur d'étable à vaches, fait d'après nature en 1818, dans le parc d'une maison à Sèvres, laquelle appartenait autrefois à Mme de Coislin. — Le massacre des Mamelucks, exécuté sous les yeux et par les ordres de Méhemet-Ali, pacha d'Égypte. (Ce tableau est au Luxembourg.) — Un capucin en méditation devant un poignard. — Le duc d'Orléans passant la revue du premier régiment des hussards (Berchigny) en janvier 1815. — Un moulin sur les côtes de Gênes. — Soleil couchant sur la mer. — Le bateau des pilotes. — Une plage, effet de soleil couché. — Portrait de M. Gabriel Delessert, en pied et en costume de chasseur. — Portrait de M. Machado, consul-général d'Espagne, représenté à cheval. — L'atelier de M. Horace Vernet. — Portrait d'un général (en pied).

1824 : Portrait équestre de S. A. R. Mgr. le duc d'Angoulême. — Portrait en pied du maréchal Gouvion Saint-Cyr. — Portrait de Mme la comtesse de C***. — Idem de Mme S. M. — Plusieurs autres sujets.

1827 : Dernière chasse de Louis XVI à Fontainebleau. — Plusieurs autres sujets.

1831 : Bataille de Valmy. — Idem de Jemmapes. — Arrestation des princes de Condé et de Conti et du duc de Longueville en 1650. — Le pape Léon XII porté dans la basilique de Saint-Pierre. — Judith et Holopherne. — Portrait de Vittoria d'Albano. — Paysanne d'Aricia. — La Confession d'un brigand. — Combat entre les brigands et les dragons du pape. — Départ pour la chasse dans les Marais Pontins. Portrait de M. I.

1833 : Raphael au Vatican. — Le duc d'Orléans se rendant à l'Hôtel-de-Ville en 1830. — Portrait en pied du Roi. — Idem du maréchal Molitor. — Portrait d'une dame romaine avec son enfant. — Idem de Mme Fould. — Idem du marquis de Latour-Maubourg. — Les trois amis.

1834 : Arrivée de S. A. R. le duc d'Orléans au Palais-Royal, 30 juillet 1830. — Arabes dans leur camp écoutant une histoire.

1835 : Prise de Bone. — Rebecca à la fontaine.

1836 : Bataille de Fontenoy. — Bataille d'Iéna. — Idem de Friedland. — Bataille de Wagram. — Chasse dans le désert de Sahara, le 28 mai 1833.

1839 : Siége de Constantine, 10 octobre 1837 : hauteurs de Coudiat. — Siége de Constantine, 13 octobre : colonnes d'assaut se mettant en mouvement. — Siége de Constantine, 13 octobre : colonnes Combes et Lamoricière. — Attaque de Constantine par la porte du marché. — Agar renvoyée par Abraham. — Chasse aux lions.

1843 : Juda et Thamar.

1844 : Portrait de M. Pasquier, président de la Chambre des Pairs. — Un traîneau russe. — Voyage dans le désert.

1845 : Prise de la *Smala* d'Abd-el-Kader. — Portrait du comte Molé. — Portrait de frère Philippe.

1846 : Bataille d'Isly. — Portrait d'enfant.

1847 : Judith. — Portrait du Roi.

1848 : Le bon Samaritain.

1849 : Portrait du général Cavaignac.

1850-51 : Portrait du prince Louis-Napoléon Bonaparte, président de la République.

1852 : Siége et prise de Rome.

EXPOSITION UNIVERSELLE DE 1855

Bataille de Jemmapes. — Valmy. — Hanau. — Montmirail. — Épisode de la campagne de France, 1814. — La barrière de Clichy. — Attaque de la porte de Constantine. — La Smala. — Bataille d'Isly. — Campagne de Kabylie, 1853. — Le choléra à bord de *la Melpomène*. — Judith et Holopherne. — Mazeppa. — Mazeppa aux loups. — Chasse au moufflon par des Marocains. — Retour de la chasse aux lions. — Chasse au sanglier en Afrique. — Portrait de frère Philippe. — Portrait du maréchal Vaillant. — Rendez-vous de chasse. — Intérieur d'atelier.

www.ingramcontent.com/pod-product-compliance
Lightning Source LLC
Chambersburg PA
CBHW071439220526
45469CB00004B/1587